Cheryl Benard / Edit Schlaffer
Sind Sie noch zu retten?

W0069893

Cheryl Benard / Edit Schlaffer

Sind Sie noch zu retten?

Warum Ihre Ehe schiefging –
Warum Ihre Scheidung schrecklich war –
Wie es ab nun bergauf geht

Deuticke

Dieses Buch basiert auf einem Forschungsauftrag
des Bundesministeriums für Wissenschaft,
Forschung und Kunst.

Mit freundlicher Unterstützung von

Bank◣Austria

Inhaltsverzeichnis

Vorwort

Das Zusammenleben von Männern und Frauen ist von den Grundlagen her so angelegt, daß es oft gar nicht gutgehen *kann*. Sie heiraten unter den falschen Voraussetzungen, jeder verfolgt insgeheim seine eigene Agenda, die nicht zum Plan des anderen paßt.

Neben den subjektiven und objektiven Faktoren, die zur Auflösung einer Beziehung oder Familie führen, erweist sich auch ein Komplex von Einstellungen als sehr wesentlich, den wir als *die grundsätzliche Disharmonie der Lebenskonzepte von Männern und Frauen* beschreiben können. Auf männlicher Seite besteht das Problem aus einer *mangelnden Familienfähigkeit*, auf weiblicher Seite aus einer *Überkonzentration auf den Beziehungsbereich*.

Beim Stichwort »Scheidungsursachen« denken wir allgemein an die »klassischen« Probleme: Untreue, Streit über Geld, Erziehung oder Freizeit, Gewalt, Konflikte mit der erweiterten Verwandtschaft u. dgl. m. Die tieferliegende Ursache für viele Scheidungen liegt heute jedoch in der Unvereinbarkeit der Vorstellungen über das Zusammenleben, die von Frauen und Männern gehegt werden.

Frauen erwarten im allgemeinen, daß mit der Ehe eine Phase der Gemeinsamkeit eingeleitet wird. Dazu gehören, vor allem bei berufstätigen Frauen, sehr oft Erwartungen der Partnerschaftlichkeit in Bezug auf die häusliche Arbeitsteilung. Es können jedoch auch komplexe, emotional begründete Erwartungen dazugehören, die lange Zeit unartikuliert bleiben, von der Frau aber als Bewertungsgrundlage für den subjektiven Erfolg ihrer Beziehung herangezogen werden.

In diesem Buch wird eine Untersuchung vorgestellt, die vom österreichischen Wissenschaftsministerium in Auftrag gegeben wurde. Im zugrundeliegenden Forschungsprojekt wurden über den Zeitraum von zwei Jahren 120 Tiefeninterviews mit Frauen und Männern in Österreich und Deutschland durchgeführt, in denen es um die Ursachen von Scheidungen und Familienauflösungen ging. Es wurden dazu vorwiegend Männer und Frauen befragt, deren Zusammenleben in einer Trennung geendet hatte. In ihren Aussagen und Reflexionen wurde meist schon sehr deutlich, daß ihre Ehe fast nicht klappen konnte; sie lebten, dachten, planten, beginnend mit der Stunde Null, aneinander vorbei. Und dabei ließ sich deutlich ein Muster erkennen: die Frauen dachten, lebten, planten in einer Art und Weise, die viele Ähnlichkeiten aufwies, und auch die Konzepte der Männer ähnelten einander. Es war auch nicht so, daß die eine Seite objektiv »richtiger«, die andere objektiv eher »falsch« erschien, sondern es handelt sich um zwei entgegengesetzte Verzerrungen. Früher mögen diese verzerrten Sichtweisen zusammengepaßt und sich ergänzt haben. Heute passen sie jedenfalls nicht mehr zusammen.

Kapitel 1

Disharmonische Lebenskonzepte –
Oder: Warum Ihre Ehe schiefging

Viele Männer sagen: meine Familie ist das wichtigste in meinem Leben. Das mag einen authentischen Gefühlsimpuls ausdrükken, aber in ihrem Verhalten, in ihrem Tagesablauf, in ihrer Zeitplanung findet er wenig Niederschlag. Familie und Zusammenleben sind nach wie vor der Zuständigkeitsbereich der Frau. In jedem Aspekt der Alltagskultur können wir das bestätigt finden. Männliche Jugendliche fantasieren vielleicht von sexuellen Abenteuern, aber sie sitzen nicht zusammen, um gemeinsam von ihrem späteren harmonischen Eheglück zu fantasieren. Ihre Zukunftsfantasien konzentrieren sich auf beruflichen Erfolg und die sportlichen Triumphe ihrer Lieblingsliga; wenn es ihnen gegeben ist, von Frau und Kindern zu träumen, dann erhalten sie in der Jungenkultur dafür keine Unterstützung.

Auch wenn wir die Unterhaltungen erwachsener Männer belauschen, hören wir wenig Privates. Kurz mag es Thema sein, daß der arme Egon bei seiner Scheidung vom Anwalt der Frau »regelrecht ausgenommen« wurde, doch Zusammenleben, Gefühle, Kinder sind für Männer nicht in derselben Weise Gesprächsstoff wie für Frauen. Das ist nicht »egal«. Der Raum, den Männer diesem Lebensbereich gedanklich geben, schlägt sich in ihrem Verhalten nieder. Moderne Frauen hingegen balancieren: Job, Familie, die Beziehung und sonstige Verpflichtungen. Männer stellen sich, wie wir in den kommenden Beispielen und Schilderungen sehen werden, keineswegs in vergleichbarer Weise darauf ein, neben ihrem Beruf auch noch eine Partnerin und Kinder zu haben. Ihre fehlende Bereitschaft, dies zu tun, bezeichnen wir als ihre *mangelnde Familienfähigkeit.*

Die Konsequenzen der mangelnden Familienfähigkeit sind äußerst gravierend. Sie betreffen nicht nur das Privatleben, sondern auch den öffentlichen Bereich und die Verhältnisse in der Arbeitswelt. Sie stehen ursächlich in Zusammenhang mit der Krise der Familie und mit den hohen Scheidungszahlen.

Die mangelnde Familienfähigkeit der Männer hat eine verhängnisvolle Wirkung auf viele gesellschaftliche Bereiche.

Sie verfestigt die schwache Position von Frauen am Arbeitsplatz, indem sie die Frau nach wie vor als die primär Erziehende und damit als die real oder potentiell nur sekundär Berufstätige wahrnimmt. Wenn ein Arbeitgeber eine weibliche Kandidatin betrachtet, sieht er in ihr die potentielle Mutter, die potentiell ausfallen wird. Im Mann sieht er eine verläßliche, jederzeit einsetzbare Stütze seines Unternehmens. Das benachteiligt beide: die Frau, weil sie weniger gern eingestellt wird, und den Mann, weil sein Chef kein Verständnis haben wird für Familienpflichten, die ihn der Arbeitsstätte fernhalten. Erst wenn mehr Männer sich zu ihrer Elternschaft bekennen – Erziehungsurlaub (in Österreich Karenzurlaub genannt) nehmen, die Pflegetage für kranke Kinder beanspruchen und Zusatzarbeit in ihrer Freizeit verweigern, sofern diese sie noch mehr von der Familie entfernt –, werden die Chancen für Frauen im Beruf besser werden, und wird die Lebensqualität von Männern steigen.

Sie benachteiligt die Interessen von Familien und Eltern, indem sie die Männer Familienfragen nicht hinreichend wahr- und ernst nehmen läßt. Die meisten Entscheidungsträger blenden diese Lebenssphäre individualbiografisch und weltanschaulich aus. Politiker, weitgehend Männer, sind selbst nicht in ihren Familien präsent und wissen wenig über das Leben von Kindern. Wie es in einem Kindergarten aussieht, ist für sie eine abstrakte Fragestellung; mit welchen Problemen eine berufstätige Mutter, eine alleinerziehende Frau zu kämpfen hat, wissen sie nicht wirklich. Sie stehen nicht im Leben, und man merkt es an ihrer Budgetpolitik und ihren Prioritäten. Die meisten Männer stehen nicht im Leben, sondern nur im halben Leben; die andere Hälfte regelt, recht oder schlecht und mit viel Mühe, eine Frau für sie.

Sie stellt einen häufigen Grund für das Scheitern von Ehen dar, da der Rückzug des Mannes von der Partner- und Elternschaft von der Frau als eine gravierende »Eheverfehlung« gewertet wird. Diesen Punkt greifen wir später noch ausführlich auf.

Sie verursacht eine extreme Belastung für Frauen, die weitgehend allein die Verantwortung für die alltägliche Versorgung der Kinder und des Haushalts tragen, daneben erwerbstätig sind und für ihren Aufwand weder vom Partner noch von der Gesellschaft Anerkennung erhalten, sondern im Gegenteil herablassend und diskriminierend behandelt werden.

Die schwindende Bereitschaft der Frauen, das zu akzeptieren, drückt sich momentan dort aus, wo Frauen eine unmittelbare Handlungschance haben: in ihrer Ehe, die sie bei Unzufriedenheit auflösen können. (Weniger handfest, aber längerfristig nicht minder folgenschwer für die Tragfähigkeit unserer Institutionen ist die wachsende Politik-Müdigkeit vor allem der Frauen, die diesen gesamten Bereich zunehmend negativ erleben, und sich nichts Gutes von dort erwarten. Insofern trägt die mangelnde Familienfähigkeit der Männer, übertragen auf die von ihnen kontrollierten Institutionen in Politik und Arbeitswelt, zum Sinnverlust der Demokratie bei.)

Der weibliche Kontrapunkt zu dieser einseitigen männlichen Denkhaltung wird von der gegenteiligen Orientierung markiert. Viele Frauen sind obsessiv auf Beziehungsfindung und Familiengründung fixiert. Egal wie, sie müssen einfach einen Partner finden, diesen heiraten und mit ihm eine Zweisamkeit leben. Weil diese Ziele für sie mit so viel Bedeutung überfrachtet sind, sind auch ihre Entscheidungen und Handlungen mitunter nicht situationsadäquat. Ein typisches Beispiel: Mit einem wenig daran interessierten Partner wird ein Kind in die Welt gesetzt, unter den Auspizien einer Mythologie, die dieser Geburt und dieser Familiengründung eine sinngebende, alle Hindernisse überwindende Wirkung zuschreibt. Es stoßen dann im ungünstigen Fall zwei Personen mit sehr gegensätzlichen, beiderseits unreflektierten und teilweise unrealistischen Erwartungshaltungen aufeinander: ein Mann, der sich nicht ganz als teilnehmendes Mitglied einer Beziehung und Familie sehen kann, und eine Frau, die mit überhöhten, teils unausgesprochenen Ansprüchen an diesen Bereich herangeht.

Das heißt, daß viele Scheidungen einfach auch auf *disharmonische Lebenskonzepte* zurückzuführen sind. Dieses Phänomen der nicht zusammenpassenden männlichen und weiblichen Vorstellungen stellt einen Mangel in der sozialen Entwicklung dar und hat seine Ursache in der Erziehung und der nachhaltig zähen, unzeitgemäßen Rollendefinition. Wenn der Zerfall der Familie gebremst werden soll, die Lebensqualität durch größere Vereinbarkeit der Lebensbereiche steigen und die institutionelle Infrastruktur den tatsächlichen Lebensbedingungen der Bevölkerung angepaßt werden soll, ist es erforderlich, die Familienfähigkeit der einzelnen und der Institutionen gezielt zu steigern und die konträre Lebensausrichtung von Männern und Frauen aufzubrechen.

Daß Beziehungen auseinandergehen, daß Menschen sich allmählich oder plötzlich nicht mehr lieben, das sind unausweichliche Begleiterscheinungen jedes menschlichen Zusammenlebens in allen Epochen und in allen Kulturen. Insofern ist das Phänomen der Scheidung zeitunabhängig. Solange es die Institution der Ehe gibt, gibt es auch Ehen, die scheitern. Ein gewisser Teil davon scheitert aufgrund der Tatsache, daß Menschen und Umstände sich einfach verändern und ein Zusammenleben, das anfangs wünschenswert schien, von einem oder von beiden Partnern in einer späteren Phase nicht mehr gewollt wird. Von kulturellen, sozialen und wirtschaftlichen Faktoren hängt es dann ab, inwieweit der Trennungswunsch auch eingestanden wird und ob die Menschen, die sich nicht mehr vertragen, sich dann überhaupt auch trennen dürfen.

Doch daneben gibt es Faktoren, die zeit- und kulturspezifisch sind. In unserer aktuellen Gegenwart spielt der das Zusammenleben von Männern und Frauen betreffende »Paradigmenwechsel« eine große Rolle. Die Definition von Ehe und Familie hat sich grundlegend verändert, eine Veränderung, die von den Menschen jedoch in unterschiedlichem Maße verinnerlicht worden ist. Der allgemeinen aktuellen Auffassung zufolge sollte eine Ehe primär nicht Versorgungseinrichtung sein, in der die Frau als Erbringerin häuslicher Dienstleistungen und Aufzieherin von Kindern, der Mann als Ernährer und Oberhaupt auftritt. Vielmehr wird sie als Partnerschaft und Lebensgemeinschaft betrachtet – wobei die alten Vorstellungen explizit oder implizit aber noch stark nachwirken und mit den neuen Vorstellungen oft keine konkreten Inhalte verbunden werden. Wie eine klassische Ehe funktioniert, ist den meisten Menschen wohlbekannt als kulturelle Vertrautheit und oft auch als im eigenen Elternhaus miterlebte Erfahrung. Für die neue Beziehungsform gibt es keine hinreichend deutliche Vorlage.

Wirklich brisant werden die Konflikte meist mit der Geburt des ersten Kindes. Die Mithilfe des Mannes ist dann nicht mehr eine bloße Prinzipienfrage, sondern eine echte objektive Notwendigkeit. Wenn er sie verweigert, steigert sich die Belastung der Frau ins Untragbare. Dazu kommt die emotionale Enttäuschung, daß ihr Bild einer harmonischen Familie sich nicht realisiert, weil ihr Partner sich zurückhält.

Wer Eheverläufe von außen studiert, kann meistens sehr leicht die Bruchstelle erkennen. Sehr oft kommt der kritische Wendepunkt dort, wo aus dem Liebespaar eine Familie werden soll. Das Bild von Ehe und Familie, das vom Mann bewußt oder unbewußt vertreten wird, erweist sich dann mitunter als grundsätzlich anders als das seiner Frau. Typischerweise vertritt dieser Mann – oft unausgesprochen, vielleicht sogar unreflektiert – eines von drei Ehe- und Familienbildern.

– Entweder er meint, daß sich in der Ehe nichts ändern sollte, sondern daß sie eine Art Fortsetzung und Zementierung der vorehelichen Beziehung darstellt. Mit einem solchen Mann geht die Beziehung meist so lange gut, bis Kinder kommen und eine Umstellung der Lebensgepflogenheiten unverschiebbar wird. Dieser Mann kann sich nur schwer mit Familienroutinen und -pflichten abfinden. Er will nach wie vor über seine Zeit bestimmen, seine Freizeit ungehindert ausleben, seine Wohnung uneingeschränkt nach eigenen Wünschen gestalten usw. Nicht genug damit, daß er seiner Frau damit die Gesamtheit der mit Kindern verbundenen Arbeit und Belastungen zuschiebt, er wirft ihr auch noch vor, daß sie ihn und ihre Liebesbeziehung durch die Ausübung dieser Pflichten beeinträchtigt, daß sie »müde«, »langweilig« und »bieder« geworden ist, nicht mehr genug Zeit und Aufmerksamkeit für ihn hat usw.

– Eine zweite Gruppe von Männern entwickelt nach einer Eheschließung oder Familiengründung die Angst, ihre Freiheit und ihre persönliche Autonomie zu verlieren, und nimmt eine defensive Haltung ein gegenüber den – wie sie es erlebt – »Verschmelzungsversuchen« der Partnerin. Jede Bemühung der Frau, größere Gemeinsamkeit herzustellen, die Probleme zu besprechen, das Familienleben zu zementieren, nährt diese Angst und stärkt den Rückzugsimpuls dieser Männer.

– Bei einer dritten Gruppe von Männern werden durch Ehe und Kinder tiefliegende alte Wertvorstellungen geweckt. Aus biografischen (zu Hause war es so) oder aus pragmatischen Gründen (es erscheint einfacher, der Frau diesen mühseligen Aufgabenkomplex zuzuweisen) gleitet der Mann in tradierte Denk- und Verhaltensmuster hinein.

Auch Frauen sind gegen die Zugkraft des Altvertrauten nicht immun. Allmählich können sich auch bei Paaren, die eigentlich eine moderne Familie werden wollten, alte Muster einfahren.

Zumindest unmittelbar betrachtet, schadet das der Frau mehr als dem Mann. Ihre Nachteile liegen in einer handfesten Überlastung und sind daher sehr manifest; sein Schaden liegt in der schwächeren Beziehung, die er zu seinen Kindern entwickelt, und im Verlust von Partnerschaftlichkeit mit seiner Frau, eine vagere Größe und als solche nicht sofort als Verlust spürbar. Die Frau ist daher meist diejenige, die gegen diese Entwicklung protestiert und die, falls keine Veränderung eintritt, daraus auch zuerst die Konsequenzen zieht.

Ablesbar ist dieses Muster für all jene, die es konkret sehen wollen, am Muster der modernen Scheidung: die meisten werden von Frauen eingereicht, und betroffen sind immer stärker Familien mit kleinen Kindern.[1] Traditionell denkende Interpreten sehen darin einen Beweis für den wachsenden Egoismus der Menschen – sie »warten« nicht mehr darauf, daß ihre Kinder älter sind und die Scheidung besser verkraften können, sondern wollen umgehend »ihre Freiheit«. Anhand der Tatbestände können wir jedoch die plausiblere Erklärung erkennen: Kinder sind die Initialzündung für das Scheitern der Ehe, weil ihre Anwesenheit die Unvereinbarkeiten zur Oberfläche bringt, die zwischen ihren Eltern weltanschaulich bestehen. Das heißt, das Ehepaar hat es nicht geschafft, anläßlich des Hinzukommens von Kindern »eine Familie« zu werden, weil sich in der Meinung eines Elternteils, meist der Frau, der andere, meist der Mann, diesem Unternehmen verweigert.

»Freiheit« vor allem mit dem stillschweigend unterstellten Nebenziel von Freizügigkeit oder neuer Liebe ist selten das primäre Ziel einer weiblich initiierten Scheidung. Statistiken belegen, daß Frauen nach einer Scheidung eine längere Phase der Verarbeitung

---

[1] In Deutschland kam es 1988 zu 400.000 Eheschließungen, denen 130.000 Scheidungen gegenüberstanden. Die Hälfte dieser Paare hatte Kinder, die von der Scheidung mitbetroffen waren. In Österreich wurden 1990 16.282 Ehen geschieden, unter Involvierung von 17.072 Kindern. (Horst Petri, Verlassen und verlassen werden, Zürich 1991.)

und des Allein-Seins vorziehen, während Männer, die eine Scheidung einreichen, meist schon eine neue Partnerin gefunden haben, zu der sie sich umgehend begeben wollen. Wenn die weiblich initiierte Scheidung ein Schlagwort hat, dann ist es vielleicht mit dem Begriff »Ehrlichkeit« zu umschreiben. In den Augen der Frau ist das, was sie mit diesem Mann erlebt, keine richtige Ehe und keine richtige Familie. Mitunter spielen objektive Überlegungen eine Rolle: es ist ohne den Mann »leichter«, weil er nicht mithilft, sondern nur zusätzliche Arbeit erzeugt, und/oder das Familienklima ist ohne ihn »angenehmer«, weil seine herrische Art von Frau und Kindern belastend erlebt wird.

Maria heiratet mit 19 den 20jährigen Franz. Sie bekommen drei Kinder und arbeiten beide im Familienbetrieb des Ehemannes. Die Versorgung der drei Kinder obliegt Maria allein. Das schafft sie, solange keine außerordentlichen Belastungen anfallen. Wenn aber sie oder eines der Kinder krank sind, kann sie die Situation allein nicht mehr bewältigen. In diesen Krisensituationen verweigert Franz seine Unterstützung, was zur allmählichen Zerrüttung der Ehe führt. Maria unternimmt alles, um ihn umzustimmen; sie sucht Beratungsstellen und Eheberatungen auf, geht zu kirchlichen Familienseminaren. Es gelingt ihr nicht, Franz ihre Vorstellungen einsichtig zu machen. Nach 11 Ehejahren reicht sie die Scheidung ein.

Mein Mann hat sich nur dann mit den Kindern beschäftigt, wenn ich dabei war. Als das dritte Kind geboren wurde, ging es mir körperlich schlecht. Der Arzt im AKH hat gesagt, daß ich mehr Schlaf brauche; er hat sogar meinen Mann zu sich bestellt und ihm klar gemacht, daß er mir ab und zu ein paar Stunden Zeit für mich selber lassen muß. Ich war einfach überfordert, das ging rund um die Uhr und das dritte Kind war sehr schwierig. Ich habe oft versucht, meinem Mann zu erklären, daß ich Unterstützung brauche, aber er ist mir ausgewichen. Er hat nie etwas darauf gesagt, sondern er war einfach verschwunden. Er ist allein spazierengegangen, in ein Wirtshaus gegangen, und hat mich mit allem sitzen lassen. Er wollte sein eigenes Leben haben. Er wollte wie ein

Junggeselle leben, aber verwöhnt werden und alles sollte rundherum für ihn gemacht werden. Nur er und er und die anderen nicht. Wenn es etwas Gutes zu Essen gegeben hat, hat er sich so viel genommen, wie er wollte und hat nicht geschaut, daß es eingeteilt wird und jeder seinen Teil abkriegt. Er war egoistisch bis dorthinaus. Nach dem dritten Kind mußte ich ins Spital, mein Mann ist aber einfach weggefahren und hat die Kinder allein gelassen. Der älteste war 10 und der Kleine war erst 4einhalb, der ist im Haus herumgeirrt und hat geheult und mich gesucht. Mein Mann hat nie etwas für die Beziehung getan, für die Familie getan, das mußte alles ich tun.

Männer wie Franz operieren noch unter alten Prämissen. Sie sehen sich als das Oberhaupt der Familie, dem Privilegien zustehen, und sehen die Frau als allein zuständig für den Ablauf des Familienlebens und für die Kinder. Sie revidieren dieses Bild auch dann nicht, wenn es überhaupt nicht mit den objektiven Gegebenheiten übereinstimmt, sondern die Frau als Mitverdienerin genauso berufstätig ist wie sie selbst. Sie revidieren es nicht einmal punktuell, wenn eine Krise, wie z. B. eine plötzliche Krankheit der Partnerin, das dringend erfordern würde. Oft werden sie in diesem Bild bestärkt von ihrer Umgebung. Der oben genannte Franz z. B. wurde in seiner Haltung von seinen Eltern bekräftigt und von diesen vermutlich auch entsprechend aufgezogen.

Viele Frauen weisen in dieser Situation eine erstaunliche Geduld auf, manche zeigen eine starke Ambivalenz in ihrer Haltung.

Die 33jährige Sabine ist Bankangestellte. Sie und ihr Mann Archi waren, als sie sich mit 22 kennenlernten, gleich alt, sie hatten die gleiche Schulbildung und genau denselben Job in derselben Bank mit demselben Einkommen. Dennoch ging Archi davon aus, daß Sabine nach der Hochzeit den Haushalt allein versorgen würde – und Sabine spielte lange mit. Es ist jedoch erwähnenswert, daß auch in diesem Fall die Wertungen der Umwelt von der Ungleichheit der Ehepartner ausgehen und sie bekräftigen. In diesem Fall mußte nach der Heirat einer von beiden die Bank verlassen, weil Ehepartner nicht am selben Arbeitsplatz tätig sein durften.

> Wir waren beide im Spargirobereich am Schalter. Ich war dann diejenige, die gegangen ist. Der Chef sagte, es ist leider noch immer so, daß Männer leichter Karriere machen können, er will uns zwar nichts vorschreiben, aber für meinen Mann wird es bestimmt leichter sein, einen Aufstieg zu machen.

Durch solche Botschaften aus dem Umfeld wird beiden Ehepartnern vermittelt, daß der Mann wichtiger und seine Arbeit wertvoller ist, woraus sich ableiten läßt, daß ihm zu Hause keine wirklichen Pflichten zugemutet werden sollten. »Für mich war das gegeben, heiraten, gemeinsam etwas aufbauen, das Leben genießen, dann Kinder kriegen und sich um die Familie kümmern. Karriere machen war für mich nicht so gefragt«, gibt Sabine zu. Zu diesem Zeitpunkt waren Kinder noch eine Zukunftsvision, das Ehepaar handelte jedoch so, als seien diese Kinder schon auf der Welt und als hätte sich Sabine schon aus dem Arbeitsprozeß zurückgezogen. Das hatte auch biografische Gründe.

> Ich komme aus einer Familie, wo die Frau den Haushalt führt, wäscht, kocht, putzt, bügelt und den Mann quasi verschont. Mein Vater hat schon mitgeholfen, aber ohne daß es von ihm verlangt wurde, das kam von ihm selbst. Nur mein Mann war da nicht so. Der hat gemeint, die Frau hat den Mann zu versorgen und da habe ich mich immer einschüchtern lassen. Es war teilweise selbstverständlich für mich, daß ich den Haushalt führe, daß ich den Haushalt alleine führe, aber wenn ich wirklich einmal nicht mehr konnte und gesagt habe: ›Geh, kannst du mir nicht helfen?‹, dann hat er gesagt: ›Nein.‹ Oder: ›Später. Jetzt nicht.‹ Und wenn er dann einmal zugepackt hat, habe ich mich 17mal dafür bedankt. Meine Arbeit war für ihn selbstverständlich. Auf die Idee, daß es auch anders gehen könnte, bin ich erst mit der Zeit gekommen. Mein Mann hatte einen Freund, der hat immer zu ihm gesagt: ›Sag einmal, wie gibt's denn das? Jedesmal wenn ich rüberkomme,

sitzt du da, liest die Zeitung, hast die Füße am Sessel oben und deine Frau arbeitet herum.‹ Er hat darauf irgendetwas geantwortet, so quasi, wie man es sich einführt, so hat man es dann. Das hat ihm nämlich nicht zu denken gegeben, eigentlich geht es mir gut und ich werde verwöhnt, sondern das hat seine Haltung noch verstärkt. Schau her, was bin ich für ein Mann, meine Frau arbeitet herum und was bist du eigentlich für ein Würstel, weil du im Haushalt mithilfst.

Im Lauf einiger Jahre wurde hier deutlich, daß man von unvereinbaren Vorstellungen ausging. Sabine erlebte sich als jemand, der in der Beziehung stets der Gebende und Nachgebende war: sie nahm die größere Arbeitsbelastung auf sich, um das Leben für ihren Mann bequem zu gestalten; sie trat beruflich freiwillig zurück, um ihrem Mann die besseren Aufstiegschancen zu ermöglichen. Als sie gegen diese Einseitigkeit protestierte, zeigte er keine Bereitschaft, die Regeln neu zu überdenken und auf ihre Bedürfnisse einzugehen. Sie sah sich als Teil einer Partnerschaft und Beziehung, er handelte als Einzelperson, die für sich selbst die bestmöglichen Bedingungen erwirken will.

Häufig tritt die Krise jedoch erst dann ein, wenn Kinder kommen. Für die Frau bedeutet das meist eine sehr radikale Umgestaltung ihres bisherigen Lebens. Wenn sich beim Mann keine Bereitschaft zeigt, sein Leben in ähnlicher Weise den neuen Anforderungen anzupassen, führt das zu Enttäuschung und zu Ressentiments. *Insofern sind Kinder in vielen aktuellen Ehen nicht mehr wie früher der Heirats-, sondern der Scheidungsgrund.* Ihre Existenz macht die Unterschiede in den weiblichen und männlichen Lebensvorstellungen klar und führt, wenn sie sich nicht versöhnen lassen, zum Bruch. Hier ist eine grundsätzliche Wandlung im Denken zu konstatieren. Das Gebot, »wegen der Kinder« irgendwie noch zusammenzubleiben, stößt nicht mehr auf generellen Konsens. Im Gegenteil begründen viele Frauen ihren Scheidungswunsch damit, daß sie »wegen der Kinder« klare Verhältnisse schaffen wollen.

Dieser Impuls, eher früher als später diesbezügliche Konsequenzen zu ziehen, findet übrigens in der internationalen Fachliteratur eine gewisse Deckung. Es scheint für Kinder leichter zu sein, eine Scheidung der Eltern in jüngerem Alter zu verwinden. Ab dem Schulalter haben sie damit meist schon mehr Probleme.[2]

Frieda ist 25, ihre Tochter ist zweieinhalb. Die Scheidung fand vor 6 Monaten statt. Frieda schildert sehr ausführlich die aus ihrer Sicht ausschlaggebenden Gründe: die Entfremdung gegenüber dem Ehemann, weil sie sich in die Familie hineingelebt hat, während ihr Mann diese Entwicklung dezidiert ablehnte.

> Ich habe bei einem Steuerberater gearbeitet, mein Mann war in einem Reisebüro. Wir haben zwei Jahre zusammen gewohnt, dann haben wir eine Wohnung bekommen und haben geheiratet, damit alles Hand und Fuß hat. Es ist alles gut gelaufen, und bald kündigte sich Julia an, ein geplantes Kind. Als sie dann da war, war für mich klar, daß wir nicht mehr jeden Abend weggehen können. Aber Jürgen wollte da nicht zurückstecken. Er ist dann relativ oft alleine weggegangen. Es hieß immer, er trifft seine Freunde, und ich hatte eigentlich nichts dagegen. Doch es ist so ausgeartet, daß er fast keinen Abend mehr zu Hause war. Daraufhin habe ich ihm gesagt, daß es so nicht geht, daß er seine Lebensweise ändern muß. Daraufhin hat er gemeint, daß hat er sowieso vor, er habe nämlich eine Freundin und zu der würde er jetzt ziehen, und am nächsten Morgen hat er seine Sachen gepackt und ist gegangen. Und ich stand da, mit der Julia, nur mit dem Karenzgeld ... Es war ziemlich schlimm. Nach drei Wochen ist er wiedergekommen, hat gesagt, es täte ihm alles furchtbar leid und er möchte zurückkommen. Ich habe gesagt, gut, aber nicht so wie es vorher war. Dann war er drei Monate zu Hause, aber es hat sich überhaupt nichts geändert. Daraufhin habe ich gesagt, daß jetzt Schluß ist.

In ihrer nachträglichen Reflexion des Geschehens stellt sich die Untreue für Frieda als eigentlich sekundäre Problematik dar. Sie

---

2 Siehe z. B. Paul Amato/Bruce Keith, Parental divorce and the well-being of children: a meta-analysis, Psychological Bulletin, 110, Juli 1991, S. 26 ff.

ist nur ein weiteres Indiz für die große innere Entfernung, die zwischen ihr und dem Partner auftrat. Sie sieht das so:

> Viele Leute haben mir zugeredet, mich doch nicht scheiden zu lassen, wo ein kleines Kind da ist. Aber ich sehe nicht ein, warum ich irgendetwas aufrechterhalten soll, das sowieso nicht mehr vorhanden ist. Nur wegen der Julia mache ich das nicht, es geht auch ohne ihn. Es wäre die reine Plage gewesen, es war irgendwie ja nichts mehr vorhanden, worauf man hätte aufbauen können. Diese Affäre hätte ich vergessen können, aber er hat irgendwie nicht den Willen gezeigt, seinen Lebenswandel tatsächlich zu ändern. Das hätte uns nichts gebracht, wenn wir zusammengeblieben wären.

Kapitel 2

Der Fehler der Frauen: Familie um jeden Preis

Wenn wir über die disharmonischen Lebenskonzepte von Männern und Frauen sprechen, müssen wir unterscheiden zwischen subjektiven und objektiven Anteilen. Mit ihren unterschiedlichen Sichtweisen der Dinge können die betroffenen Männer und Frauen einer faktisch richtigen oder einer subjektiv gefärbten Wahrnehmung Ausdruck geben. Bei Frauen liegt nicht nur die faktisch richtige und auch jederzeit objektivierbare Beobachtung vor, daß ihre Partner keinen anteiligen Beitrag zum gemeinsamen Leben in Haushalt, Kinderversorgung und -erziehung leisten, sondern es liegt auch eine sehr starke Einseitigkeit im Denken, Planen und Bewerten vor. Diese *einseitig familienbetonte Lebensplanung von Frauen* führt ihrerseits zum Scheitern von Beziehungen und zum Zerbrechen von Familien.

Die zuletzt zitierte Frieda z. B. ist durchaus selbstkritisch und überlegt auch, was sie selbst falsch gemacht hat. Den Trennungsgrund ortet sie sehr insistierend in dieser Inkongruenz der Erwartungen bezüglich einer Familie und einer Gemeinsamkeit:

Als wir damals zusammengezogen sind, hat er gewußt, daß ich mir eine Familie wünsche, daß ich gerne Kinder möchte. Er hat auch nie etwas dagegen eingewendet. Für mich bedeutet eine Familie zu haben, daß ich meine Zeit, die ich nach dem Büro habe, auch mit der Familie verbringe. Daß man natürlich von Zeit zu Zeit etwas alleine unternimmt, ist eh logisch. Aber wenn man dreimal in der Woche zum Sport geht und dann auch noch zum Tanzen, dann ist mir das einfach zuviel, da stecke ich zurück. Er hat mir vorgeworfen, ich sei nicht flexibel genug. Er hat sich vorgestellt, daß er am Nachmittag anruft und sagt, daß wir am abend das und das machen sollten, schau, daß du jemanden für die Julia findest. Das geht aber nicht, innerhalb von ein paar Stunden einfach jemanden zu finden, der auf das Kind aufpaßt.

Am Anfang bin ich davon ausgegangen, daß er grundsätzlich dieselben Vorstellungen hat wie ich. So habe ich erst noch gesagt: ›Geh ruhig alleine, wenn du unbedingt möchtest.‹ Das hat sich aber dann so entwickelt, daß er gar nicht mehr angerufen hat, um mich zu fragen, ob ich mitgehen will. Ich hatte am Beginn der

Schwangerschaft aufgehört, Tennis zu spielen, und ich habe dann nach der Geburt nicht mehr damit angefangen, weil ich einfach zu müde war. Ich war meistens sehr erschöpft, weil die Julia nicht durchgeschlafen hat. Die Beziehung hat sich von dem Moment an geändert, als ich schwanger geworden bin. Vorher war es typisch für uns, daß wir viel und spontan etwas unternommen haben. Das konnte ich dann nicht mehr, aber er hat es weiterhin gemacht. Ich habe mich geändert, und er ist derselbe geblieben. Im ersten halben Jahr war ich so damit beschäftigt, alles in den Griff zu kriegen, mein Leben umzustellen, es an das Kind anzupassen, daß ich gar nicht gemerkt habe, was um mich herum sonst noch passiert.

Interessant an dieser Darstellung ist nun, daß der Mann bei der Planung des Privatbereichs von vornherein in der passiven Rolle gesehen wird. Die Frau hat einen Plan, der Mann wendet »nie etwas dagegen ein«, und die Frau faßt das bereits als Zustimmung auf. Sie möchte Kinder und eine Familie, er heiratet sie im Wissen, daß dem so sei. Das ist um eine wesentliche Nuance anders als ein deutlicher gemeinsamer Kinderwunsch. Dennoch ist das nicht gleichbedeutend mit einer männlichen Ablehnung. Die Frau handelt in diesem Fall nicht gegen seinen Willen – es handelt sich um eine geplante, diskutierte Schwangerschaft – sondern er hat einfach keine ausgeprägte Vorstellung und überläßt die Initiative seiner Frau. Wenn ihm die damit verbundenen Veränderungen dann nicht gefallen, oder einfach weil er sich als Außenseiter im Lebenskonzept seiner Frau erlebt, zieht er sich zurück und verweigert die Beteiligung. Er hat nicht nein, aber auch nicht ja gesagt, zumindest nicht aus vollem Herzen.

Vielen Frauen ist das Zögern des Mannes natürlich bewußt. Sie reagieren darauf dreifach:

– Sie denken, daß sie oder die Situation ihn schon noch umstimmen werden. Sein anfängliches Zögern wird sich in begeisterte Beteiligung verwandeln.

– Sie denken, daß es bei Männern einfach immer so ist. Männer müssen zu ihrem privaten Glück hingeführt werden, da sie in diesem Bereich keinen echten Durchblick haben.

– Es ist ihnen egal, wie der Mann denkt. Hauptsache, er spielt mit. Für sie ist der Mann wie der Esel beim Krippenspiel. Er hat zwar keinen Text, aber man braucht ihn für die Optik.

Es ist sehr oft ersichtlich, daß Frauen ihren Partner nicht als Person, sondern als Versatzstück in einem vorgefertigten Familienkonzept betrachten.

Frau O. und ihr Partner lernen sich in der Berufsschule kennen, verloben sich, kaufen und renovieren gemeinsam eine Altbauwohnung und heiraten. Zwei Jahre später wird Frau O. schwanger, das Paar trennt sich noch vor der Geburt des Kindes. Der Hergang laut Schilderung der Frau:

> Dann wurde unsere Wohnung fertig, wir haben geheiratet und sind eingezogen. Ich wollte ein Kind, das gehört für mich bei einer Ehe einfach dazu. Mein Mann war zuerst unsicher, doch dann hat er zugestimmt. Für mich hat alles gepaßt, und dann bin ich auch schwanger geworden. Doch dann, mitten in meiner Schwangerschaft, hatte er plötzlich ein Verhältnis mit einer Arbeitskollegin. Das hat mich schwer getroffen; gerade in der Schwangerschaft hätte ich mir einen liebevollen, aufmerksamen Mann gewünscht. Ich glaube heute, daß das bei ihm eine Flucht vor dem Kind war. Er war eindeutig zu unreif, er war zwar schon 28, aber trotzdem in vieler Hinsicht selber noch ein großes Kind, das war ihm einfach zuviel Verantwortung.

Für diese Frau gehört ein Kind »einfach dazu«: der weibliche Konträrsatz zum Männersatz, er könne sich unter einem Kind »wenig vorstellen.« Ihre Planung ist von einem klaren Bild bestimmt, sie weist auch ihrem Partner eine klare Rolle zu. Daß er diesen Part nur zögerlich übernimmt fällt ihr auf, veranlaßt sie aber nicht dazu, die Erwartungen eventuell besser mit ihm abzustimmen. Auch er protestiert nicht, sondern läßt nur ein gewisses Zögern erkennen. Doch dann, in der Schwangerschaft, zieht er sich zurück, die Frau bleibt mit ihrem Konzept allein.

Angelika ist Heiltherapeutin, ihr Mann ist Arzt. Das war nicht so geplant; als sie sich kennenlernten, war auch Paul in der Heiltherapeutenausbildung, doch er entschloß sich zum Medizinstudium. Eigentlich wollte er erst nach dem abgeschlossenen Studium heiraten, und Kinder wollte er, wenn überhaupt, dann viel später. Doch Angelika fühlte sich mit 25 reif für die Familiengründung:

> Ich war eigentlich die treibende Kraft bei dem Wunsch, ein Kind zu haben, auch beim zweiten Kind. Er hat das unterstützt, aber ich habe es schon immer sehr als meine Angelegenheit empfunden.

Eine dritte Schwangerschaft endet mit einer Fehlgeburt, ein Ereignis, das von den Ehepartnern verschieden verarbeitet wird.

> In der Zeit, in der es mir so schlecht ging, hat P. sich entschlossen, noch eine Facharztausbildung für Gynäkologie und Geburtshilfe zu machen. Ab dem Zeitpunkt war er nur mehr weg. Mein Leben drehte sich ab da nur noch um die Kinder. Sie waren eine enorme Kompensation für mich an Nähe, Wärme und Gefühl.

In dieser Aussage können wir den Ablauf einer ehelichen Auseinanderentwicklung klar erkennen. Die Ehepartner gehen innerlich von einer traditionellen Teilung aus, derzufolge die Kinder eher ihr, der Beruf eher ihm zugeordnet wird. In der Krise kommen die beiden einander nicht näher, sondern jeder bewegt sich tiefer in seinen angestammten Bereich hinein: der Mann in den Beruf, wobei er in diesem Fall eine mit der Krise verbundene berufliche Spezialisierung als seine spezifische Verarbeitungsform wählte, und die Frau in die Familie. Der letzte Satz macht es deutlich: sie erhält dort zwar, was sie sucht, nämlich

Nähe, Wärme und Gefühl, aber sie erhält es in Form einer »Kompensation«, also nicht von ihrem Partner, sondern ersatzweise von ihren Kindern.

Die marginale Rolle des Mannes in der Familie kommt, wie aus diesen Beispielen ersichtlich wird, nicht allein durch sein Zutun zustande. Es kann sich um einen interaktiven Prozeß handeln, in dem sich der Mann auch instrumentalisiert, als »Strohmann« eingesetzt sieht von der Frau, die ihn zur Realisierung ihrer Familienfantasien braucht.

»Es ging mir eigentlich gar nicht so sehr um den Mann an sich, sondern um die Familie«, beschreibt eine Frau rückblickend den Verlauf ihrer Ehe. »Ich hatte als Kind nie eine Familie, ich hatte nie eine und wollte immer eine.«

Nach der Scheidung realisierte sie ihre Familienwünsche verkleinert mit der Tochter. »Mich hat gefühlsmäßig vielmehr das Zerbrechen der Familie gestört, um den Mann an sich ist es mir weniger gegangen.«

Diese Art von Haltung bringt einige charakteristische Risiken mit sich. Angeleitet von einem sehr starken Ehe- und Familienwunsch, können Frauen

– einen Partner wählen ohne hinreichend über die Kompatibilität des Charakters und der Lebensplanung nachzudenken,

– zu schnell und zu insistierend auf eine feste Bindung hinarbeiten,

– den Mann zumindest latent erahnen lassen, daß er nicht als Person, sondern als Statist im weiblichen Lebensplan erwünscht ist.

Umgekehrt führt eine tendenziell familienunfähige Haltung bei Männern dazu, daß

– der Mann in der Partnerschaft zu wenig Entgegenkommen und eine nur mangelnde Bereitschaft zur kooperativen Umstellung seiner Lebensgewohnheiten zeigt,

– er sich bedrängt fühlt und in eine Flucht- und Entziehungshaltung übergeht,

– er ein gänzlich konträres Lebensbild verfolgt und sich nicht oder zu spät in die Familie eingliedert.

Die Erfahrung dieser konträren Lebensphilosophien, die schließlich zur Trennung führt, jedoch aus der Sichtweise eines Mannes erzählt, betrifft die Familie O.

Herr O. lernt mit 25 die 19jährige Sekretärin Anna kennen. Er hat gerade eine Beziehung hinter sich, die infolge seiner Eheweigerung in die Brüche ging. Als auch die neue Freundin nach einiger Zeit auf eine Heirat drängt, wagt er es daher nicht, dezidiert abzulehnen. Es gelingt ihm, die Entscheidung drei Jahre hinauszuzögern. Seine letzte Verzögerungstaktik besteht in einem Scherz – wenn Anna 1.000 Unterschriften sammelt, die ihre Eheschließung befürworten, will er sie heiraten. Anna nimmt ihn beim Wort; mit Hilfe von Freundinnen, die den Fragebogen an der Uni austeilen, erfüllt sie die Auflage. Herr O., der es nur als Scherz gemeint hat, wird konfrontiert mit der Liste und mit der Meldung, daß sie das Aufgebot bestellt hat:

> Und sie sagte, in drei Wochen heiraten wir. Ich konnte schwer etwas sagen, schließlich lebten wir schon 3 Jahre zusammen. Außerdem hatte sie kurz zuvor eine Fehlgeburt gehabt, das war auch ein Umstand, warum ich nicht nein sagen konnte. Sie hat mir leid getan, weil sie wochenlang liegen mußte und das Kind trotzdem verloren hat. Da war dann schon ein ziemlicher moralischer Druck dahinter, obwohl die Funktion der Ehe, das muß ich dazusagen, mir nie klar war.

Die Idee mit der Unterschriftenliste mag auf den ersten Blick amüsant erscheinen, doch Witz und Spott liegen hier in gefährlicher Nähe zueinander. Dennoch wäre es nicht richtig, zu sagen, daß dieser Mann gegen seinen Willen in die Ehe gedrängt wird. Lediglich die Symmetrie fehlt. Er nimmt eine abwehrende Haltung ein, weil Ehe und Familie für ihn abstrakte Dinge sind. Für seine Partnerin sind sie, soviel ist ihm klar, äußerst konkret und äußerst wünschenswert. Er selbst sieht nicht den Sinn, die »Funktion«.

Nicht nur die Ehe, auch die Geburt des Kindes ist aus der Sicht dieses Mannes ein Anliegen seiner Frau, das er aus einer marginalen, leicht ablehnenden Haltung heraus mitverfolgt. Es handelt sich dabei nicht um ein Kind, das als »Unfall« entsteht, sondern um ein zumindest von der Frau geplantes und erwünschtes Kind. Herrn O. bleibt dieser Plan, dieser Wunsch nicht verborgen, schließlich hat er die Fehlgeburt miterlebt und weiß, daß die Partnerin es weiterhin versuchen will. Nach zwei Ehejahren ist es wieder soweit:

> Sie ist mir dann ständig mit ihrem Bauch nachgelaufen und hat gesagt, schau, er strampelt. Ich habe mir während der Schwangerschaft nicht sehr viel unter einem Kind vorstellen können, aber in dem Moment, wo ein konkretes Objekt da war, habe ich ihn eigentlich gern gehabt. Vorher habe ich ihr meine Anteilnahme aber nur vorgespielt, weil ich nicht viel mit der Sache anfangen konnte und ich glaube, daß das die meisten Männer nicht können.

Herr O. distanziert sich schon mit seiner Wortwahl von Frau und Kind – die Formulierung, die Frau sei ihm »mit ihrem Bauch nachgelaufen«, ist bezeichnend. Vor allem aber läßt sich bei diesen Ehepartnern eine sehr starke Ungleichheit im Rhythmus der sozialen Entwicklung erkennen. Die Frau stellt sich sehr früh – man kann sagen, *zu früh*, nämlich ohne Erwiderung durch den zweiten, der schließlich auch dazugehört – auf Zusammenleben und Familie ein. Der Mann wiederum erreicht diesen Punkt mitunter *zu spät*, nachdem seine Partnerin ihn bereits als hoffnungslos abgeschrieben hat. Das innere Einstellen auf die Idee eines Kindes, die Verarbeitung einer ersten Schwangerschaft, die mit einer Fehlgeburt endet, die nächste Schwangerschaft, durch all diese Ereignisse hindurch fühlt Herr O. sich noch unbeteiligt, er kann »damit nicht viel anfangen«, kann sich darunter »nicht viel vorstellen«. Doch das ist mehr als nur Gleichgültigkeit, denn nach der Scheidung geht es ihm schlecht, er leidet unter dem Verlust der Partnerin und des Kindes.

> Für mich ist die Scheidung zu einem Zeitpunkt gekommen, wo ich eigentlich bereit war, mich in die Rolle des Ehemannes hineinzubegeben, weil eben ein Kind da war. Die Zeit danach war schwierig. Ich bin überhaupt nicht weggegangen, ich bin mir fürchterlich arm vorgekommen. Das hat eigentlich vier Jahre gedauert, ich war in der Zeit nicht fähig, irgendwelche Beziehungen zu haben. Ich fühlte mich so eingeengt, ich habe auch ziemlich viel getrunken.

Aus seiner Erzählung geht hervor, daß Herr O. dies rückblickend vereinfachend darstellt. Denn auch 6 Monate nach der Scheidung war seine Frau noch bereit, die Beziehung erneut aufzunehmen. Für ihn stellte sich dies jedoch erneut als ein Bedrängen dar:

> Mir war die Überschwenglichkeit, mit der sie mir zugewandt war, zeitweise sogar verdächtig. Nach der Scheidung hat sie mich, wenn ich den Buben abgeholt habe, immer hereingeholt und mich richtig angeheult, mir ihre ganzen Probleme erzählt. Sie hat auch eindeutige sexuelle Signale gesetzt, die ich aber geflissentlich übersehen habe; mein Gedanke war, stell dir vor, wenn die sich jetzt noch ein Kind von dir machen läßt. Ich durfte den Buben jederzeit sehen, sie war jedesmal überschwenglich freundlich, wenn ich kam.

Dieser Mann verdeutlicht eine extrem familienunfähige Position. Er lehnt die Idee einer Familie nicht rigoros ab, kann aber dann, wenn er in einer solchen leben soll, nicht damit umgehen.

Auch in weniger extremen Fällen zeigt sich häufig eine abwartende Haltung des Mannes, der sich an den Rand des Familiengeschehens stellt. Dies ist ein für alle Betroffenen unbefriedigender Ausgang, der seine Ursache in der fortbestehenden gedanklichen »Arbeitsteilung« der Geschlechter hat, derzufolge Frauen bei ihrer Lebensplanung an Kinder und Familie denken, während Männer nach wie vor ihren eigentlichen Schwerpunkt in Beruf, Karriere und individuellen Aktivitäten, in Freizeit, Sport, Politik u. dgl. sehen. Damit bleibt »Familie« der weibliche Aufgabensektor, etwas, worauf die Frau fokussiert ist und wofür sie letztendlich zuständig bleibt. Auch bei Frauen ist dieses tradierte Denken noch vorhanden, was in vielen ihrer Formulierungen auch deutlich zum Ausdruck kommt. Sie nehmen die Passivität ihres Mannes gegenüber dem Entstehen einer Familie lange Zeit hin, weil auch sie sich als die eigentliche Trägerin des Familienlebens betrachten.

Bei Frauen ist diese traditionelle Sichtweise jedoch mittlerweile deutlich überlagert von einer zweiten, neuen Sichtweise, der Erwartung von Partnerschaft. Wenn alles relativ reibungslos läuft, oder wenn die Frau mit sich selbst und dem Übergang zu einem strapaziösen neuen Familienleben vollauf beschäftigt ist, fällt die mangelnde Parallelität nicht sofort auf. In Krisensituationen aber, wenn die Frau es allein einfach nicht mehr schafft, oder in Mußestunden, wenn sie über den Verlauf ihrer Beziehung nachdenkt, bemerkt sie, daß ihr Partner nicht mitzieht.

Typischerweise versucht die Frau mittels verschiedener Strategien, zu denen verständnisvolle Toleranz, Diskussion, Streit, Aufsuchen von Beratungsstellen und mehr gehören, ihren Partner doch noch in die eheliche und familiäre Gemeinsamkeit einzubinden. Wenn er kein Interesse und keine diesbezügliche Bereitschaft zeigt, bedeutet das für die Frau eine sehr große Enttäuschung. Es entsteht ein unglückseliger Kreislauf: die Ambivalenz der Frau vermittelt sich dem Mann nur zur Hälfte und

signalisiert ihm, daß er mit seinem alten Rollenverhalten fort-
fahren kann.

Bei Ulla, 35, Kosmetikerin, war die Enttäuschung so extrem,
daß sie noch während ihrer zweiten Schwangerschaft den Ent-
schluß zur Trennung faßte.

> Ich hab' die Scheidung eingereicht während meiner zweiten
> Schwangerschaft, weil ich gesehen habe, daß ich keinen Mann
> brauche, der nur unterwegs ist. Wahrscheinlich haben wir zu jung
> geheiratet, wir waren beide erst 22, jedenfalls wollte er immer nur
> mit seinen Freunden unterwegs sein. Ich hab' zu ihm gesagt: ›So
> geht das nicht, du wolltest mich heiraten, du wolltest Kinder, ich
> hab' dir diese Kinder nicht untergejubelt, das war ein gemeinsa-
> mer Entschluß und alle beide sind Wunschkinder. Ich geb' dir ein
> halbes Jahr Zeit, du kannst dich entscheiden für die Familie oder
> du kannst gehen. Ich mag nicht jeden Tag streiten, du bist ein er-
> wachsener Mann, du mußt selber entscheiden.‹ Er ist aber weiter-
> hin Nacht für Nacht mit seinen Freunden weggegangen, er hat
> mich wahrscheinlich nicht ernst genommen, und dann hab' ich
> mich eben scheiden lassen. Und ich hab' es nicht bereut. Es ist
> zwar schwer, Kinder alleine aufzuziehen, aber wenigstens sind wir
> eine echte Familie, wenn auch eine kleine.

Frauen nennen viele Beispiele für den mangelnden Willen ihrer
Männer, sich in das Ehe- und Familienleben zu integrieren. Die
häufigsten Nennungen sind:

Verweigerung der Hilfe. In sehr vielen Fällen erwarten die Frauen
nicht einmal eine gerechte Verteilung der Belastungen, sie erwarten sich lediglich in echten Überlastungs- oder Krisensituationen eine Hilfestellung. Der Mann soll nicht jede Nacht mit
dem Baby aufstehen, aber er soll einspringen, wenn das Kind
oder die Mutter krank sind und die Nächte daher ganz besonders schwierig sind. Meist wird nicht wirklich »Partnerschaftlichkeit« gefordert, sondern nur Hilfe. Wenn auch diese be-
scheidene Forderung unerfüllt bleibt, erleben Frauen dies sehr
negativ, als echte Absage an die Familie.

Herrische Verhaltensweisen. Eine freundschaftliche, gleichberechtigte Atmosphäre gehört für die meisten Frauen mittlerweile zum Idealbild des häuslichen Zusammenlebens. Dem widerspricht das Verhalten mancher Männer, die sich immer noch sehr dezidiert als Oberhaupt erleben wollen. Das ist in zweifacher Hinsicht störend: erstens ist es für die Frau kränkend, zweitens schränkt es ihren Bestimmungs- und Mitbestimmungsrahmen ein. In der Ehe von Herbert, 38, Finanzbeamter, und Eva, 29, Hausfrau, war es dem Mann ein Anliegen, seine Wünsche und Vorstellungen ohne Rücksicht durchzusetzen, wobei er sich nicht einmal die Mühe machte, es beschönigend darzustellen.

Der erste Vorfall für mich kam schon am Anfang der Ehe. Mein Mann ist immer sehr gern in den Prater zu den Flipperautomaten gegangen, das war für ihn nach dem Büro eine Entspannung. Auch vor der Ehe sind wir oft flippern gegangen. Er hat also eines Abends gesagt: ›Ich möchte noch in den Prater gehen.‹ Ich habe gerade das Geschirr abgewaschen und habe gesagt: ›Ja, ich bin gleich fertig, wir können gleich gehen.‹ Da ist er ausgerastet. ›Wer hat überhaupt von dir geredet, wer sagt, daß du mitgehst?‹ Danach kam es immer wieder zu solchen Szenen, da mein Mann ein Mensch war, der die Partnerschaft so gesehen hat, ich mache meinen Teil und du machst deinen, und welchen ich mache, bestimme ich, und welchen du machst, bestimme auch ich.

Dieses Ereignis läßt sich noch interpretieren als die – unbeholfene, nicht sehr freundlich durchgeführte – Bemühung des Mannes, zu Beginn des Zusammenlebens, eigene Freiräume zu verteidigen und Abstand zu halten. Doch andere Episoden unterstreichen die Interpretation der Frau, daß ihr Mann damit seine Rolle als Teil der Gruppe verweigerte.

Wir wollten einen Ausflug machen, mein Mann und unser Sohn saßen schon im Auto, ich wollte nachkommen, aber da hat gerade das Telefon geläutet. Es war die Schwiegermutter, ich habe kurz mit ihr gesprochen und bin dann hinuntergegangen. Beim Einsteigen wollte ich erklären, warum ich spät komme und habe gesagt: ›Du, die Mutti hat gerade angerufen.‹ Er hat gerade Radio gehört, und plötzlich haute er voller Wucht aufs Lenkrad und brüllte: ›Wie kommst du dazu, mich einfach so anzusprechen? Glaubst du, ich bin jederzeit für dich ansprechbar? Jetzt hat der Sprecher etwas gesagt, und ich habe es nicht gehört !‹

Störend daran ist die *Einseitigkeit*. Die Freiräume und Entscheidungsfreiheiten, die er für sich beansprucht, gesteht Herbert keinesfalls auch seiner Frau zu. Ihr Wunsch, einmal in der Woche einen Fortbildungskurs zu besuchen, wird z. B. abgelehnt mit der Begründung, er möchte sie jeden Abend zu Hause vorfinden und sie könne sich »beim Fernsehen besser entspannen«. »Er hat mir sogar vorgeschrieben, wobei ich mich glücklich fühlen soll«, faßt Eva ironisch zusammen.

Dieser Mann findet, daß für ihn und für die Frau ganz andere Regeln gelten, daß seine eigenen Wünsche und Bedürfnisse einen viel höheren Stellenwert haben als die seiner Familienangehörigen. Gegenüber einer berufstätigen Frau kann er hierfür keine objektive Rechtfertigung anbringen; sein Handeln entspringt der reinen Willkür.

Extremer Egoismus. Die Unwilligkeit, die eigene Bewegungs- und Entscheidungsfreiheit in irgendeiner Form zugunsten der Gemeinschaft einzuschränken, ist für viele Frauen sehr irritierend. Sie selbst haben vielleicht auf ihren Job, bestimmt aber auf ihre unmittelbaren Aufstiegschancen verzichtet; sie sind rund um die Uhr für das Kind verfügbar und haben die Gesamtheit des Haushaltsablaufs im Kopf. Wenn ihr Mann sich dann weigert, vorübergehend auf seinen Stammtisch, sein Hobby oder die genüßliche abendliche Lektüre der Zeitung zu verzichten, erleben sie das als sehr selbstsüchtig.

Eine persönliche Rücksichtnahme zum Nachteil seiner selbst war bei ihm einfach nie gegeben. Wie das Kind sechs Monate alt war, da wurde im Auto geraucht, das hat überhaupt keine Rolle gespielt. Ich habe schon während der Schwangerschaft das Rauchen aufgegeben, er hätte das auch tun können, aber es kam für ihn gar nicht in Frage.

Wir sind beide berufstätig, da finde ich, daß man wenigstens die Freizeit nach dem Wunsch der Kinder einrichten soll. Sonst gibt es ja überhaupt kein Familienleben mehr. Ich schaue immer, daß ich das Beste für das Kind herausholen kann, aber meinem Mann schien das egal. Der hat seine Sachen gemacht, als ob es den Rest der Welt nicht gäbe.

Ich habe nicht nur unsere beiden gemeinsamen Kinder aufgezogen, sondern auch seine extrem schwierige Teenie-Tochter aus erster Ehe übernommen, nachdem die Mutter mit ihr nicht mehr klarkam. Er ging unbeirrt seines Weges und nahm gegen meinen Willen auch eine Beförderung an, die mit ständigen Auslandsreisen verbunden war. Okay – das hätte ich alles noch verstanden. Doch wenn er heimkam von der Geschäftsreise, ruhte er sich kurz aus, packte dann seine Squash-Ausrüstung und ab in den Klub, ohne auch nur das Wort an seine Kinder gerichtet zu haben.

Kapitel 3

Der Fehler der Männer: Familie, was ist das?

Auch dort, wo die klassischen Scheidungsursachen als Trennungsgrund angeführt werden, verbirgt sich dahinter bei genauerem Hinsehen oft als eigentliche Ursache die *Verweigerung von Gemeinsamkeit.*

Für die 32jährige Sekretärin Bärbel war die Kommunikationsverweigerung ihres Mannes in der Folge seines Ehebruchs schlimmer als die eigentliche Untreue:

> Als er nach Hause kam, habe ich ihn sofort mit meinem Wissen konfrontiert. Er hat überhaupt nicht reagiert, überhaupt nicht. Er hat nur die Schultern gezuckt und gesagt, das sei normal. Das sei der Lauf der Dinge und ich solle jetzt nicht ausrasten und alles dramatisieren. Ich war so fassungslos, weil wir uns vorher – glaubte ich – so nahe waren. Es war die größte Enttäuschung meines Lebens. Nicht so sehr, weil er mit dieser Frau geschlafen hat. Es war eher die Tatsache, daß er überhaupt nicht versucht hat, es mit mir gemeinsam zu lösen. Natürlich kann es vorkommen, daß man nicht immer treu ist. Das hätte ich verstanden, das hätte ich verkraftet, wenn er dann nicht so kalt reagiert hätte. Er hat überhaupt keinen Willen gezeigt, dieses Problem in irgendeiner Weise mit mir gemeinsam zu bewältigen.

Streit über finanzielle Fragen oder über Prinzipien der Erziehung, Ehebruch und Konflikte über Freizeitverhalten oder Verwandtschaft sind oft nur die Spitze des Eisbergs; *das eigentliche Problem liegt in der Unvereinbarkeit grundsätzlicher Vorstellungen über Art und Qualität des Zusammenlebens.* So erweist sich bei genauerem Hinsehen sehr oft, daß es bei einem Streit über »Freizeit« darum geht, daß einer der Partner sich von geplanten gemeinsamen Unternehmungen zurückzieht, weil er oder sie die Zeit für sich allein beansprucht. Streit über Erziehung ist mitunter ein Streit darüber, daß ein Elternteil sich nicht beteiligt, im Fall von Problemen aber alles besser weiß und dem eigentlich engagierten Elternteil Vorhaltungen macht. Diese Probleme sind in beiden Richtungen möglich. Es scheitern Ehen auch daran, daß die Frau ihr gewohntes Singel-Dasein weiterführen möchte und die Einschränkungen, die durch Kinder entstehen, nicht verkraften kann. Häufiger aber scheitern Ehen an der *mangelnden Familienfähigkeit der Männer,* für die unter anderem vermutlich Sozialisationsmuster und nachhaltig traditionelle gesellschaftliche Beeinflussungen die Verantwortung tragen. Darauf kommen wir noch zurück.

Peter H. lernte seine Frau mit 20 kennen, war drei Jahre mit ihr verheiratet und ist nun seit einem halben Jahr geschieden. Die gemeinsame Tochter ist 3 Jahre alt. Das Scheitern seiner Ehe ist für Peter innerlich noch nicht abgeschlossen; er macht sich Gedanken über die Ursachen, wobei seine Darstellung sehr aufschlußreich ist. Weil die Dynamik innerhalb seiner Beziehung gleichzeitig sehr typisch ist, wird anhand von Exzerpten aus seinen Interviews auf gewisse zentrale Konfliktmuster hingewiesen: Peter und Pia lernen sich über gemeinsame Freunde kennen, Pia ist zu dem Zeitpunkt schon berufstätig, Peter noch in einer Ausbildung. Nach einigen Monaten ziehen sie zusammen, sehen sich aber selten, da Peter vollends mit dem Lernen beschäftigt ist. Dieser Zustand dauert 3 Jahre an, bis Peter die Matura erfolgreich abschließt.

> Es war Pia von Anfang an klar, daß sie eigentlich die zweite Geige ist, daß für mich der Abschluß der Schule das wichtigste in meinem Leben darstellt. Wir haben aber trotzdem zueinander gefunden und genügend Zeit gehabt, um uns näherzukommen. Ich muß sagen, ich war froh, sie kennengelernt zu haben. Ich habe mir gedacht, das ist wirklich ein Mensch, mit dem ich mein ganzes Leben verbringen kann und für mich war das Thema Frauen und Werben damit abgeschlossen.

Deutlich klingt hier schon die Grundsatzfrage nach Prioritäten an, um die es in dieser Ehe konstant gehen wird. Er hat den »Menschen, mit dem er ein ganzes Leben verbringen kann« gefunden, reiht diesen Menschen aber dezidiert an zweite Stelle hinter seine Berufsplanung und erwartet, daß Pia sich auch selbst als »zweite Geige« sieht. Bei einer Frau wäre das nicht so; sie wäre erfüllt vom Glück, den richtigen Partner gefunden zu haben, und würde ihr Berufsleben dieser Gegebenheit anpassen (oft in einem leichtsinnigen Ausmaß, doch dazu später noch). Gleichzeitig kündigt er indirekt an, daß er sich um sie und die Beziehung nicht mehr sonderlich bemühen will, das Thema »Frauen und Werben« ist für ihn abgeschlossen. Und trotzdem: Obwohl er in Pia die Frau fürs Leben erkennt, wehrt er ihre Heiratswünsche ab. »Sie hat mich mehrmals dahingehend gelöchert, aber ich habe das immer von mir weggeschoben.« Um sie zu vertrösten, verspricht er, sie nach Maturaabschluß zu heiraten, was auch geschieht.

Die darauffolgenden Jahre stehen unter dem Aspekt der Konsolidierung. Das Ehepaar kauft einen Baugrund und eine Eigentumswohnung, nimmt Renovierungen vor und schafft sich Möbel an. Der damit einhergehende Kinderwunsch geht nicht schnell in Erfüllung, nach einiger Zeit aber kündigt sich doch noch ein Erfolg an. Peter ist begeistert, kann die Begeisterung aber nicht in sein Leben integrieren:

> Die Geburt unseres Kindes war für mich der glücklichste Moment, den ich je erlebt habe. Das Suchen war zu Ende, man hatte jetzt eine Aufgabe, das Leben hatte einen Sinn. Erschwerend ist für mich aber dazugekommen, daß ich genau zu der Zeit beruflich den Zipfel einer Chance gesehen habe, aufzusteigen. Ich habe sehr viel Zeit in die Firma investiert, viele Überstunden und dazu kam die Fahrzeit, ich hatte also oft 12-Stunden Tage, ich sah mein Kind nur schlafend. Aber ich glaubte, durch diese Gasse muß man durch.

Erneut zeigt sich hier der Widerspruch in der Prioritätensetzung. In seiner neuen Familie erkennt Peter den lange gesuchten Lebenssinn, nur um sich sofort wieder abzuwenden und sich in eine hektische berufliche Betriebsamkeit zu stürzen. Für Pia, die es mittlerweile zur Leiterin einer Abteilung gebracht hat, »hat sich das Gefühl ergeben, mit dem Kind alleingelassen worden zu sein«. Peter bringt vor, daß er in den ersten Lebensmonaten, als das Kind nachts häufig aufwachte, ebenfalls aufgestanden ist und sich gekümmert hat, »aber scheinbar zu wenig. Denn meine Frau sagte dann, sie will mit dem Kind allein sein, sie ist draufgekommen, sie brauche mich eigentlich nicht.« Auffallend bei Peter ist die Mischung aus Einsicht und Zurücknahme. Sich auf einen Tagesablauf einzulassen, der es mit sich brachte, daß er sein Kind buchstäblich nur mehr im schlafenden Zustand sah, bedeutete tatsächlich, daß die Frau mit dem Kind alleingelassen war, es handelte sich dabei also nicht nur um ein »Gefühl«, das sie hatte.

Doch noch aufschlußreicher wird es in den späteren Passagen, in denen Peter sich Gedanken über die Art der Beziehung macht.

> Sie hat immer wieder gesagt, sie fühlt sich mir in der Diskussion nicht gewachsen, ich war all die Jahre dominant. Aber sie hat ja auch nie wirklich ihren Standpunkt vertreten, sondern ist auf meine Launen mehr oder weniger eingegangen. Sie hat zwar ein bißchen gemeutert, aber sie hat sich nicht für ihre Sachen eingesetzt. Sie hat z. B. nicht gesagt, jetzt sind wir 5 Jahre lang immer dorthin auf Urlaub gefahren, wo du hinwillst, und jetzt machen wir mal, was ich will.

> Sicher, ich war ein sturer Kerl. Ich habe das in der Firma gelernt, mir nichts gefallen zu lassen, da muß man ja auch eine gewisse Angriffsposition einnehmen. Ich habe die Wünsche meiner Frau in vielen, vielen Bereichen ignoriert. Ich habe grundlegend genau gewußt, daß meiner Frau ein Urlaub am Meer mit Sand und Sonne besser gefallen würde als schon wieder Salzkammergut, aber ich habe das ignoriert, weil ich Hitze nicht mag. Es war auch leicht, sie zu ignorieren, weil sie nicht auf die Erfüllung ihrer Wünsche bestanden hat.

Nicht nur in der Lebensplanung, auch in seinem Verhalten vermischt Peter die Ebene des Berufs mit der Ebene des Privaten. Im Beruf scheint es zielführender, sich »nichts gefallen zu lassen«, den eigenen Standpunkt rigoros durchzusetzen. Er überträgt das Verhalten, das er in der Firma lernt, auf seine Interaktionen mit der Partnerin und hat damit Erfolg: sie macht, was er will. Die Bestätigung für sein Vorgehen sieht er darin, daß sie sich nicht wirklich wehrt, sich nicht richtig für ihre Anliegen einsetzt. Er hat den stärkeren Willen, die besseren Argumente, das größere Selbstvertrauen – doch am Schluß wird ihm doch noch ein Strich durch die Rechnung gezogen. Die Partnerin, die sich nie gegen ihn behaupten konnte, hat irgendwann genug davon, immer überrollt zu werden und geht weg.

> Ich habe ihre Wünsche nicht akzeptiert, sondern wegdiskutiert. Ich kann mir vorstellen, daß in meiner Frau da ein großer Frust, ein Unbefriedigtsein entstanden ist.

Peters Lernprozeß wurde vorangetrieben durch die Tatsache, daß auch der zweite Teil seiner Rechnung nicht aufging:

> Es hat sich zufällig ergeben, daß mein gesamtes berufliches Engagement an sich umsonst war, weil uns von der Geschäftsleitung der Gruppenleiter weggenommen worden ist und der neue Gruppenleiter alles mit anderen Augen sieht. Dieses Jahr hat nur negative Früchte getragen. Noch dazu sind jetzt Einsparungsmaßnahmen getroffen worden, das heißt, ich habe den strikten Auftrag, keine Überstunden zu machen.

Peter muß sich nun damit abfinden, daß seine Ehe zerbrochen ist, teilweise infolge eines beruflichen Überengagements, das sich nun auch noch als vergebliche Investition erweist. Jetzt, wo seine Familie ihn verlassen hat, hätte er Zeit; jetzt macht er, weil es aus Spargründen verboten wurde, keine Überstunden mehr, doch das Kind, das davon profitieren könnte, wohnt nicht mehr bei ihm.

Heute sieht Peter sich selbstkritisch, und fühlt sich dennoch gespalten. Er versteht die Unzufriedenheit seiner Frau, sieht seine Fehler und seine mangelhafte Fairneß, gleichzeitig aber leben in ihm die alten Kriterien weiter, denen zufolge er eigentlich ein »guter Ehemann« war:

> Summa summarum gesehen bin ich wirklich nicht der Wunschpartner meiner Frau, aber ich rauche nicht, ich trinke fast gar nichts, ich gehe eigentlich nicht aus, wenn ich nicht da war, war ich in der Firma. Ich bin nicht gewalttätig, ich bin nicht sonstwie süchtig, ich habe keine anderen Frauenbeziehungen gehabt, es gibt eigentlich keinen Scheidungsgrund, den sie mir anlasten könnte, juristisch gesehen.

Das sind die Kriterien, die früher galten. Früher war ein guter Ehemann einer, der nicht trank, nicht rauchte, treu war, und seine Familie gut erhielt. Pia hat andere Erwartungen. Als Berufstätige muß sie nicht »erhalten« werden. Ihr geht es um eine bestimmte Qualität des Zusammenlebens und es geht ihr darum, nicht immer die Verliererin zu sein, die auf ihre eigenen Wünsche verzichten muß.

Als Peter begriff, daß Pia ihren Trennungs- und Scheidungswunsch ernst meinte, unternahm er viel, um sie umzustimmen. Er gab seine Verfehlungen zu und versprach, kooperativer zu werden. Er freundete sich intensiv mit seinen Schwiegereltern an, um sie als seine Advokaten zu gewinnen. Auch jetzt, nach der Scheidung, behält er den Ehering an, um seiner Exfrau bei den unregelmäßigen Treffen zu signalisieren, daß für ihn noch nicht alles gelaufen ist.

Doch Pia war nicht von ihrem Vorhaben abzubringen. »Sie hat gesagt, bis jetzt hat sie immer nachgegeben und dieses eine Mal will sie nicht mehr nachgeben.« Der Satz einer Frau, die nach vielen geduldigen Jahren und vielen vergeblichen Versuchen, der Sache eine Wende zu geben, endgültig resigniert hat.

Peter hat sich in vieler Hinsicht unfair, sogar schäbig, sicher aber kurzsichtig benommen. Dennoch: seine Kritik an seiner Frau –

sie habe es ihm leichtgemacht, sie immer wieder kleinzukriegen, weil sie ihm nie wirklich einen Widerstand entgegensetzte – ist durchaus ernst zu nehmen. Zur »Partnerschaftlichkeit« und somit zur Familienfähigkeit gehört, daß beide Seiten sich als gleichberechtigt sehen und benehmen.

Pia hat dem Verhalten ihres Mannes stattgegeben und war damit eine Mitspielerin. Obwohl Peter die ganze Zeit über weiß, daß sein Verhalten unfair ist und die Wünsche seiner Partnerin ungenügend Berücksichtigung finden, ist er erst zu einer Veränderung bereit, als sie ihn verlassen will. Das wiederum läßt ihn in Pias Augen unglaubwürdig wirken – nicht unbedingt zu recht. Die Vorstellung, daß Macht freiwillig abgegeben werden sollte, gehört zum romantischen Denkkomplex. Zwar wäre es langfristig zweckführender auch für Peter gewesen – nicht nur zum Erhalt seiner Ehe, sondern auch im Interesse seines persönlichen Gleichgewichts –, wenn er »freiwillig« ein ehe- und familienfreundliches Verhalten an den Tag gelegt hätte, wenn er mit der offenkundigen Schwäche und Konfliktunfähigkeit seiner Frau in Situationen des ehelichen Streits rücksichtsvoller umgegangen wäre. Es ist aber unrealistisch zu erwarten, daß Menschen immer rational und nach Erwägung ihres langfristigen Interesses handeln.

Es ist bei Peter auch die Verhaftung in alten männlichen Rollenbildern, die sein Verhalten steuert. Durchaus auch zu seinem eigenen Nachteil. Die Prioritäten sind nicht selbstgewählt, und seine Formulierungen verraten auch seine Zerrissenheit zwischen der Familie und dem Beruf, doch letztendlich handelt er traditionell und gewichtet sein Leben zugunsten des Berufs.

Abschließend sei zu diesem Beispiel noch erwähnt, daß auch hier die angeführten Ehekonflikte sich als sekundär erweisen: der Streit um das Urlaubsziel ist eigentlich nur deswegen so bedeutsam, weil er die einseitige Machtverteilung in der Ehe deut-

lich macht und ist deshalb am Scheitern der Ehe mitverant-
wortlich, weil er für die Frau einmal mehr ein Beweis ist, daß sie
in dieser Beziehung nie gewinnen kann.

Wir können – leider – nicht sagen, daß bei Männern und Frau-
en ein Umdenken stattgefunden hätte. Aber ein dämmerndes
beidseitiges Bewußtsein darüber, daß der Turm schief ist, ist
doch vorhanden.

Kapitel 4

Die Quittung: Frauen im Abseits

Wenn man die Lebensgeschichten von Frauen studiert, hat man schnell den Eindruck, daß sich Frauen den Zufälligkeiten des Lebens stärker aussetzen als gleichaltrige Männer. Das rührt sicher daher, daß sie stärker auf eine andere Person setzen und eine andere Person letztlich immer unberechenbar ist. Bei vielen Frauen zeigt sich ein starker Hang, den eigenen Lebenslauf Zufälligkeiten zu überlassen, während für Männer feststeht, daß ihre Arbeit ein Fixpunkt im Leben sein wird. Viele Frauen machen aus der Tugend der Flexibilität das Laster der Zerrissenheit.

Es gibt zwei mögliche Startpositionen für junge Frauen. Entweder sie setzen als selbstverständlich voraus, daß sie später einmal heiraten und Kinder bekommen würden und daß der Beruf dann an hinterer Stelle kommt, als etwas Zusätzliches, um ein bißchen mehr Geld, eigenes Geld zu haben, als Sicherheit, wenn die Ehe schief geht, etwas für später, wenn die Kinder groß sind. Oder sie haben ausgeprägte Ambitionen, Talente und Ziele, die sie verfolgen wollen.

Zum Bild von ihrer Zukunft gehört selbstverständlich eine Beziehung, und irgendwann einmal auch eine Familie. Aber spätestens mit 40 haben sich die meisten Frauen damit abgefunden, daß man nicht alles haben kann, zumindest nicht, wenn man kein Mann ist. Was man dann aber hat, das hängt von den Umständen ab, von der Person, vom Zufall. Und viel zu oft ist es ein unglückliches Hausfrauendasein, in das der Fehler der Frauen, ihre Fixierung auf Beziehung und Familie, führt. Dieser Ausweg in die Privatsphäre mag ehrbar sein, aber er ist ein riskantes Unternehmen. Warum das so ist, wollen wir uns in diesem Kapitel anschauen, das den klassischen Hausfrauen gewidmet ist.

Die in der Merzahl unglücklichen Hausfrauen fallen in zwei sehr verschiedene Kategorien. Die erste Gruppe besteht aus Frauen, die ihren Beruf sehr gern ausübten oder ambitiös sind, die eine sehr dynamische Persönlichkeit haben und trotz gegenteiliger Vorsätze bald das Gefühl bekommen, an der Eintönigkeit und Prestigelosigkeit des Hausfrauenlebens zugrundezugehen.

Die zweite Gruppe der Unzufriedenen rekrutiert sich aus Frauen, für die das Hausfrauenleben ein tiefes Abhängigkeitsverhältnis nicht nur auf materieller, sondern auch auf psychischer Ebene bedeutet und die sich im ausgehenden 20. Jahrhundert noch in sehr antiquierten Verhältnissen vorfinden. Erstaunlicherweise gehören auch viele halbtags berufstätige Frauen zu dieser Gruppe. Für sie bedeutet der Teilzeitberuf nicht ein Stück Emanzipation, sondern die Verpflichtung, sich ihr »Haushaltsgeld« selbst zu verdienen und den gesamten Haushalt zusätzlich noch als Aufgabe zu behalten. Diese Frauen sind typischerweise mit autoritären, sehr traditionellen Männern verheiratet, deren ständiges Machtstreben eine innere Unsicherheit verrät und deswegen umso aggressiver ist.

Nur wenige der befragten Hausfrauen sind zielstrebig in diese Lebensform gegangen. Häufig stand dahinter der Druck des persönlichen Arrangements, weil ein Kind kam und die klassische Aufgabenverteilung unhinterfragt blieb oder weil die berufliche Arbeit neben den häuslichen Beanspruchungen als zu anstrengend erlebt wurde oder weil sie ein konservatives Elternhaus hatten und sich dadurch beeinflussen ließen, so daß der Weg enger wurde.

Ehe und Familie, Kinder, ein Haus mit Garten, ein richtiges Bilderbuchleben, das war die heimliche Lieblingsvorstellung vieler Frauen, mit denen wir sprachen. Als wir diesen Frauen gegenübersaßen, meistens an Vormittagen, wenn die Kinder in der Schule und der Mann bei der Arbeit war, fragten wir sie, wie sie sich mit 18 ihr Leben vorgestellt hatten und erhielten fast durchgängig die Antwort: ganz anders. Das könne man gar nicht mit heute vergleichen.

Wie schnell das Leben auf eine andere Schiene geraten kann, hat Else erfahren und lange nicht wahrhaben wollen.

Nach Abschluß ihres Architekturstudiums hat sie Max, ihren langjährigen Kollegen, geheiratet.

Wir haben nächtelang Pläne miteinander gezeichnet und kannten uns in- und auswendig. Er kam aus einer traditionellen Familie, war aber selbst sehr progressiv – jedenfalls dachte ich das früher immer.

Ich wurde gleich schwanger, wir wollten es so, denn das Studium hatte lange gedauert und ich wollte noch möglichst jung sein für meine Kinder. In der Zeit baute Max sein Büro auf und da eine fixe Hilfskraft zu teuer war, übernahm ich diese Tätigkeiten, ich lernte sogar maschineschreiben, um die Geschäftspost zu erledigen. Ich war froh, etwas anderes zu tun zu haben und nicht nur beim Kind zu sitzen. Die nächsten beiden Babies kamen in rascher Abfolge, ich wollte immer eine große Familie, weil ich selbst ein Einzelkind war.

Else ist mit ihren Schwangerschaften und der Mithilfe beim Aufbau des Büros so beschäftigt, daß sie erst mit großer Zeitverzögerung bemerkt, daß ihr Max immer mehr dem Bild des traditionellen Mannes entspricht, dessen Lebensmittelpunkt zunehmend außerhalb der Familie angesiedelt ist. Trotzdem ist er »der Herr im Haus«, wie es Else selbst ärgerlich formuliert.

Er erwartet von mir, daß ich das perfekte Hausmütterchen bin. Ich habe mir die Ehe anders vorgestellt, partnerschaftlicher, daß man miteinander redet, daß man sich zwischendurch auch selber einmal ein Brot abschneidet. Wenn er am Abend kommt und ruft ›Wo ist das Essen?‹, erwartet er, daß ich alles fallenlasse und gleich hüpfe, auch wenn ich den Kindern gerade vorlese.

Wenn sich Else beschwert, daß er ihre Arbeit nicht anerkennt, bekommt sie meist die Antwort, es sei alles eine Frage der Organisation. »Ich bin im Grunde ein richtiger Verlustposten, ein Dienstmädchen mit Hochschulabschluß.«

Max arbeitet mittlerweile auch am Wochenende. Else vermutet, daß er nicht sosehr einem Sachzwang folgend immer häufiger die Sonntage im Büro verbringt, sondern dann abzieht, wenn ihm das Kindergeschrei daheim zuviel wird.

> Dann sagt er, er hat zu tun. Er kann sich in Ruhe hinsetzen und kann die Zeitung durchlesen und hat erstmal seine Ruhe. Ich habe mein Arbeitszimmer in der Wohnung und das habe ich nicht für mich, weil die Kinder sind ständig bei mir, wenn ich etwas tun will und räumen mir die Laden aus.

Es ist faszinierend, daß sich eine kluge Frau wie Else, die die besten Startbedingungen für eine egalitäre Partnerschaft hat, in diese Situation hineinmanövriert. Sie hat Kinder und Familie als ihre eigene Verantwortung definiert, ohne die Beteiligung von Max, den sie ursprünglich sogar als progressiv erlebte, einzuplanen. Heute sitzt sie in der Hausfrauenrolle fest und sinniert, warum es so gekommen ist. Mittlerweile erwartet sie ihr viertes Kind.

> Ich dachte, wenn ich schon daheim bin, dann soll es sich wenigstens auszahlen. Die Konkurrenz in unserem Beruf ist so groß, daß mir die 12 Jahre seit Abschluß des Studiums total fehlen würden. Besser, der Max arbeitet voll und ich unterstütze ihn.

Else ist unzufrieden, weil sie viel zu intelligent ist, um nicht zu erkennen, wie problematisch ihre Lebensgestaltung ist. Sie ist entschlossen, »nicht aufzugeben, ihm die Meinung zu sagen. Viel Hoffnung habe ich nicht, daß das Streiten und Sich-Wehren hilft, aber vielleicht punktuell.«

Als eine der großen Irritationen im Leben der Hausfrauen wird das Fehlen eines eigenen Einkommens erlebt. Dieses Gefühl des

Mangels durchzog alle Gespräche. Selbst die militantesten Vertreterinnen dieser Lebensform erlebten das Fehlen eines eigenen Einkommens als großes Problem und psychische Belastung. Die Reaktionsformen zeigten eine ganze Bandbreite von Strategien, von der Forderung nach Lohn für Hausarbeit, die in Zeiten eines krisengeschüttelten Wohlfahrtsstaates nur rhetorischen Charakter haben kann, bis zu totaler individueller Askese. Entscheidend ist die Stärke des Selbstwertgefühls der Frau und die Haltung des Mannes. Daß sein Einkommen das »gemeinsame Geld«, darstelle, ist zwar die zeitgenössische Devise, doch die Psyche spielt dabei selten mit.

Wie mit dem Faktor Geld umgegangen wird, ist in jeder Ehe anders und scheint nicht unbedingt im Zusammenhang zu stehen mit der Knappheit. Es gibt durchaus äußerst gut verdienende Männer, die sich das Haushaltsgeld regelrecht abbetteln lassen, die sich knauserig jede kleine Anschaffung vorlegen lassen. Viele Frauen erleben das als extrem entwürdigend und sehen dahinter eine Machtdemonstration. Im anderen Extrem befinden sich die Familien, in denen die Frau das Geld verwaltet und sich der berufstätige Mann mit einem »Taschengeld« zufriedengibt. Dazwischen liegt die große Zone der Streitereien, Krisen und Kompromisse.

Frieda, 38, ist mit einem Fliesenleger verheiratet. Früher hat sie in einem Modehaus gearbeitet. Von damals stammt noch ihre Schwäche für schöne Kleider, die damals immer erschwinglich für sie waren, weil sie einen Angestelltenrabatt bekam.

Wenn es Frühling wird und ich mich wirklich gar nicht mehr beherrschen kann und mich dazu hinreißen lasse, mir ein schönes Stück in der aktuellen Modefarbe zu kaufen, dann ist das schon drin, obwohl ich mich immer bemühe, den Betrag irgendwo anders einzubringen. Nicht weil er uns unbedingt fehlt, aber weil ich mir dabei so verschwenderisch vorkomme. Mein Küchenradio ist gerade ramponiert und mein Mann sagte, okay, ich kaufe dir ein neues. Ich sagte aber, das sei schade, ich greife eh nur wieder mit meinen Teighänden hin und ruiniere es wieder, lassen wir es doch.

Meine Mutter gibt mir zum Geburtstag auch kein Geld mehr, weil sie weiß, daß alles in die Familie fließt. Sie nimmt mich an der Hand und geht mit mir einkaufen.

Der Zugang zum Konto des Mannes stärkt zwar das Sicherheitsgefühl der Frau, kann aber die tatsächlichen Machtverhältnisse auch nicht außer Kraft setzen. Margit, 46, Mutter von zwei Kindern, mit einem Bäckereiangestellten verheiratet:

Ich kann von seinem (!) Konto soviel abheben, wie ich will, er vertraut mir da, daß ich nicht unnötig viel Geld ausgebe. Am Anfang unserer Ehe habe ich nie etwas für mich abgehoben, sondern erst in den letzten paar Jahren. Er bemerkt es schon und sagt dann, aha, du hast schon wieder etwas gebraucht, paß nur auf, daß es nicht zuviel wird. Aber das ist kein Problem, da ich ohnehin ein bescheidener Mensch bin. Lohn für Hausarbeit möchte ich persönlich nicht haben, dann könnte der Mann ja darauf schauen, daß wirklich etwas geleistet wird, und zwar so, wie es exakt seinen Vorstellungen entspricht. Dadurch kann man schnell in Abhängigkeit geraten, er ist sozusagen dein Arbeitgeber.

Margit sieht ihre kleinen Anschaffungen immer unter dem Blickwinkel ihres Mannes. Sie hat zwar die formelle Verfügungsgewalt über sein Konto, aber nicht die faktische und moralische Berechtigung.

Helga, 33, zwei Söhne, verheiratet mit einem Krankenpfleger, nervt die finanzielle Abhängigkeit zusehends. Sie muß über jede Ausgabe Rechenschaft ablegen und ein genaues Haushaltsbuch führen.

Wenn er mit seinem Stift am Küchentisch sitzt und die Einkaufszettel durchgeht, habe ich Aggressionen. Er versteht es überhaupt nicht, daß ich Vorräte anlege. Ich kaufe sehr bewußt ein und wenn etwas im Angebot ist, trage ich mehr davon nach Hause, damit helfe ich ihm doch sparen. Aber ich bin zu feig, ihm zu sagen, wie sehr ich ihn verachte für seine Kleinkrämerei. Statt dessen sitze ich ihm gegenüber und spüre, wie ich wütend werde, wenn der Übertrag ins Kassabuch nicht stimmt. Dann fühle ich mich schuldig und als Versagerin, nicht einmal für die sprichwörtliche Milchmädchenrechnung kompetent genug.

Dieses Ritual findet an jedem Wochenende statt. Helga weiß nicht, wie sie sich wehren soll, da er auch in ihren Augen das Recht hat, zu erfahren, wo sein Geld geblieben ist. Gleichzeitig findet sie seinen Habitus zutiefst widerlich. »Selbst wenn er mir ein Geschenk macht, zum Geburtstag oder zu Weihnachten, trägt er den Betrag sorgfältig ein.«

Maria, 52, ist Mutter von zwei erwachsenen Töchtern. Ihr Mann hat seit einiger Zeit eine Freundin und Maria vermutet, daß er die Trennung beabsichtigt. Das scheint ihr auch aus seinem Verhalten bezüglich Geld hervorzugehen.

Über Geld rege ich mich schon manchmal auf. Eigentlich ist aufregen das falsche Wort, kränken ist richtiger. Mein Mann spart im Sparverein, wo es um Weihnachten herum immer Auszahlung gibt. Er hat mir immer erzählt, wieviel er angespart hat, und früher – bevor er die Freundin gehabt hat – bekam ich immer etwas davon, ein paar Hundert Mark. Diesmal hat er kein Wort gesagt, bis ich ihn schließlich fragte, ob ich wie üblich etwas bekäme. Er tat ganz verdutzt und sagte: ›Warum soll ich dir etwas geben? Das habe ich gespart.‹

Hätte sich die Beziehungskrise schon vor 10 Jahren zugespitzt, hätte sich Maria rechtzeitig von ihrem Mann getrennt, zu einem Zeitpunkt, wo sie am Arbeitsmarkt noch leichter vermittelbar war. Aber heute meint sie, keine Chance auf ein eigenes Leben mehr zu haben und glaubt sowohl mit seiner mangelnden Großzügigkeit als auch mit der Tatsache, daß er eine Freundin hat, leben zu müssen.

Der Zugriff aufs ehemännliche Konto erfolgt auch ohne Ehekrise fast nie unbelastet und ohne eine Summe von Begründungen für die Berechtigung, an *seinem* Geld teilzuhaben.

Lisa, 52, seit 25 Jahren Hausfrau, hat ihre ganz private Logik eingesetzt, um ohne schlechtes Gewissen den Betrag für die Tennis-Trainer-Stunden von Giselhers Konto abzubuchen.

> Ich mache absolut alles selbst im Haushalt und verstehe unter Hausarbeit auch Dinge, die normalerweise Handwerker erledigen. Ich weiß, wie man Waschmaschinen repariert oder eine Pumpe zerlegt. Ich interessiere mich wahnsinnig für Technik und mache das wirklich gerne. Wenn ich mir nicht lächerlich vorkäme in meinem Alter, würde ich glatt eine Lehre im technischen Bereich machen. Jedenfalls erspare ich meinem Mann einen Haufen Geld. Ich habe sogar die Laube selbst gezimmert, die hätten wir bis heute nicht, weil Luxusausgaben auf einem Minimum gehalten werden.

Keine einzige dieser Frauen, egal ob mit oder ohne Zugang zum Konto, gab ohne Gewissensbisse Geld aus.

Viele der jüngeren Frauen überlegten in regelmäßigen Abständen ihren Wiedereinstieg ins Berufsleben, kamen aber oft zum (Kurz-)Schluß, daß sich ihre Berufstätigkeit »nicht rechne«, weil die Kinderbetreuung, der Kindergarten oder das Halbinternat den Großteil ihres Einkommens wieder aufbrauchen würden. Dadurch fixieren sich Frauen auf ihre als unbefriedigend erlebte Rolle und verpassen den Zeitpunkt, rechtzeitig wiedereinzusteigen. Geld für Betreuung der Kinder als Investition in die eigene Zukunft zu sehen, fällt den meisten (Haus-)Frauen schwer.

Mit zunehmend langer Abwesenheit vom Erwerbsleben wächst auch die Unsicherheit, ob man den notwendigen Anforderungen überhaupt noch gerecht werden könnte.

Die Sekretärin Uschi, seit 10 Jahren daheim, mit einer neun-jährigen Tochter, hat Bedenken, in ihren alten Beruf als Sekretä-rin zurückzugehen.

Es läuft jetzt alles viel technischer, ich glaube, ich kann mich nach all den Jahren gar nicht mehr in einem Büro zurechtfinden. Ich habe Angst, mich auf etwas einzulassen, das ich dann nicht durch-halte. Außerdem müßte ich mittags meine Tochter eine Stunde allein zu Hause lassen, damit sich eine normale Halbtagsarbeit stundenmäßig ausgeht. Sie würde dann erst gegen halb zwei essen, wenn ich heimkomme und schnell etwas richte. Das liegt mir nicht, ich habe lieber alles geordnet daheim.

Uschi geht in die typische Hausfrauenfalle. Sie perpetuiert einen Zustand, der durch das Heranwachsen des Kindes einen nur mehr sehr vorläufigen Charakter hat und schwächt damit ihre eigene Position. Sie ist einerseits zu bequem, um die Strapazen einer intensiven Einschulung in die neuen technologischen Realitäten des modernen Büroalltags auf sich zu nehmen, ande-rerseits ist sie unzufrieden mit ihrer finanziellen Abhängigkeit. Eigenes Geld zu verdienen, erscheint ihr manchmal so ver-lockend, daß sie in solchen Momenten zum Telefonhörer greift und bei der örtlichen Volkshochschule Kursprogramme für Wiedereinsteigerinnen bestellt. Die Prospekte stapeln sich mitt-lerweile in ihrer Küche, aber sie ist noch unentschlossen, ob sie sich den Berufseinstieg zutrauen kann und ihrer Tochter eine Stunde Wartezeit daheim nach der Schule zumuten möchte. Über eigenes Geld zu verfügen ist ihre hauptsächliche Antriebs-kraft für diese Überlegungen.

Beim Einkaufen fällt die Spontanität völlig flach. Ich kann mich noch daran erinnern, wie es früher war, da legte ich mir nicht schon eine Summe von Begründungen im Kopf zurecht, warum ich das brauchte, was ich mir ausgesucht hatte. Jetzt lege ich mir genau zurecht, warum ich ausgerechnet das brauche, obwohl mein Mann das gar nicht von mir verlangt, da habe ich wirklich Glück.

Leider ist er ein Mensch, der mit einem Grundstock an Garderobe anscheinend ein ganzes Leben lang auskommt, ein paar Alltagsschuhe, ein paar elegante Schuhe, zwei Anzüge. Ich komme mir im Vergleich zu ihm recht kostspielig und auch komisch vor, wenn ich mir z. B. ein zweites Paar Sandalen kaufen möchte, weil die Farbe der einen nicht zu dem Rock paßt, zu dem ich sie anziehen möchte. Früher hätte ich keine Sekunde gezögert und mir gekauft, was mir gefällt.

Geld bedeutet auch Unabhängigkeit und Selbständigkeit, zwei Kategorien, die viele Frauen, wie wir meinen, voreilig aus ihrem Leben streichen.

Elfi war bis zur Geburt ihres jetzt zweieinhalbjährigen Sohnes in einem graphischen Betrieb tätig. Ihr Mann ist Chemiker in einem Industrielabor und arbeitet meist Überstunden. Sie war vorerst froh in Karenz gehen zu können, weil ihre Arbeit sie oft nervte. »Aber damals konnte ich wenigstens heimgehen und mich vom Streß erholen, heute gibt es vor der nervtötenden Langeweile keine Rettung mehr.«

Es gibt immer wieder Probleme zwischen ihr und ihrem Mann, weil er sehr pedantisch in Bezug auf den Haushalt ist.

Früher bemerkte ich diese Tendenzen schon, aber da habe ich nur gelacht, ich hatte schließlich auch meinen Beruf, somit war der Haushalt zu gleichen Teilen auch seine Verantwortung. Damit ist es jetzt vorbei, weil ich ja daheim bin.

Sie erinnert sich noch heute kopfschüttelnd an den allerersten Besuch in seiner Wohnung.

Das hätte mir schon die Augen öffnen sollen, wie unpersönlich es dort auschaute, es war wie im Museum, absolut nichts lag herum. Ich bin ihm sehr entgegengekommen, aber seiner Ordnungsbesessenheit kann ich nicht standhalten. Am Freitag putze ich immer ganz besonders gründlich, weil das Wochenende kommt, wo ihm die Dinge so richtig auffallen, aber eigentlich finde ich seine Haltung lächerlich. Wenn er heimkommt, darf nicht einmal ein Plastiksackerl oder eine Handtasche herumstehen, selbst wenn ich gerade erst vom Einkaufen kam.

Elfis Ehemann verweigert jede Arbeitsbeteilung, indem er sich auf den Standpunkt stellt, daß sie als Hausfrau voll für den Privatbereich verantwortlich sei. Selbst wenn sie wieder in ihren Beruf zurückginge, bliebe ihr neben dem Halbtagsjob noch die ganze Hausarbeit. Er sieht seinen Teil der Familienarbeit hingegen durch seine volle Berufstätigkeit erfüllt Die zunehmende Isolation im Haushalt macht Elfi sehr zu schaffen. Sie traf eine ehemalige Arbeitskollegin auf der Straße und

spürte einen richtigen Neid, obwohl ich mich in diesem Betrieb gar nicht so wohl gefühlt hatte. Ich glaube, es ist einfach die Tatsache, daß sie durch ihre Arbeit mitten im Leben steht und ich im Gegensatz dazu das Gefühl habe, als ob das Leben an mir vorbeilaufen würde und ich mit meiner Einkindfamilie draußen stehe.

Elfi hat eine ausgeprägte Neurodermitis entwickelt, die sich trotz strenger Diät nicht verbessert. Ihr behandelnder Arzt drängt in Gesprächen immer wieder darauf, ihre belastenden Lebensfaktoren gemeinsam mit ihr zu identifizieren, aber Elfi sagt, sie sei in der Ordination immer blockiert, plötzlich komme es ihr dann völlig sinnlos vor, über ihre Situation zu sprechen.

Ellen hat zwei Töchter und ist mit einem Beamten verheiratet. Sie beschreibt als die hervorstechendste positive Eigenschaft des Hausfrauenlebens die Flexibilität und relative zeitliche Ungebundenheit. Im Gegensatz dazu steht die Beschwerde, die sie über ihren Ehemann führt.

Er wird nie sagen, daß ich etwas Besonderes leiste, das ist das, was mich am meisten am Hausfrauenleben stört. Am Anfang konnte er mich mit seinen herablassenden Aussagen zum Weinen bringen. Sicher vertrödle ich manchmal Zeit, aber ich bringe sie wieder ein.

Das Bild vom dankbaren Ehemann, der zufrieden und wohlgefällig die häuslichen Dienste in Anspruch nimmt und froh darüber ist, daß ihm die privaten Belange seines Lebens völlig abgenommen werden, ist zwar hartnäckig, aber nicht realitätsgetreu.

Die meisten Männer sind sehr ambibvalent gegenüber ihren häuslichen Ehefrauen, sie entwickeln Ressentiments bei der Vorstellung, daß sie Tennis spielt, spazierengeht oder auch nur in Ruhe die Zeitung liest, während er aus dem Haus hetzt. Aus einem diffusen Gefühl der Übervorteilung reagieren Männer oft kontrollierend. Ein Ehemann formuliert es so:

> Es ist selbstverständlich für mich, daß ich aufstehe und zur Arbeit gehe, selbst wenn ich mich mies fühle, da gibt es kein Entkommen. Meine Frau schickt die Kinder in die Schule und legt sich oft noch eine Stunde hin, das könnte ich mir nicht erlauben. Dann stört es sie, wenn ich mich aufrege, daß sie mir noch Großeinkäufe anhängen will. Manchmal mache ich mir einen Spaß daraus, sie anzurufen, wenn ich in der Firma angekommen bin. Dann schrecke ich sie manchmal aus dem Bett hoch und lege auf, ohne mich zu melden.

Dieser Mann drückt deutlich aus, was er vom Leben seiner Frau hält, nämlich nicht viel. Die Mißachtung ist bereits so weit fortgeschritten, daß er seinem Ärger beliebig Luft macht durch Telefonterror und abschätzige Bemerkungen. Die Ehefrau erlebt sein Desinteresse an ihrem häuslichen Tun zunehmend als bedrückend.

> Er registriert nichts, nicht einmal, wenn die Vorhänge frisch gewaschen sind. Ich schufte im Haus und regle alles mit den Kindern, und es ist für ihn total selbstverständlich.

Sie sieht sich nach einer Arbeitsstelle um, obwohl sie wenig Zuversicht hat, daß ihr Mann sie entlasten wird, wenn sie wieder arbeitet.

Gisela, eine ehemalige Flugbegleiterin, hatte genau das, was sie sich immer sehnlichst gewünscht hatte: einen erfolgreichen Mann, an dessen Karriere sie teilhaben konnte, zwei Kinder, ein Haus. Aber sie kam schließlich zu der persönlichen Schlußfolgerung, daß sie sich nicht als Fußvolk eignet.

> Wir sind in verschiedenen Ländern herumgekommen, aber ich war praktisch allein und hatte die brave Ehefrau zu spielen. Mein Mann war dagegen stets unterwegs, während ich im Haushalt festsaß. Er benahm sich noch dazu sehr schlecht mir gegenüber, wenn er zurückkam und ich mich beschwerte. Rückblickend betrachtet, war es sicher ein Fehler aus meinem Beruf auszusteigen, aber jetzt bin ich 45 und fühle mich zu deprimiert und kraftlos, mich noch einmal aufzuraffen.

Ihr fehlt etwas, was in unserer Gesellschaft neben einer guten Ausbildung zur positiven sozialen und finanziellen Basis gehört: eine kontinuierliche Berufserfahrung. Männern geht es unter diesem Blickwinkel vergleichsweise immer um einiges besser. Die meisten lernen oder tun von Anfang an das, was sie möchten, ohne daß sie sich selbst um einige Stufen hinunterschrauben. Und wenn sie sich auch noch so unsterblich verlieben, keiner weicht dafür von seiner Bahn ab. Daß sie ein Recht haben auf alles, auf Beruf und Familie, streitet ihnen keiner ab und vor allem sie sich selbst auch nicht. Sogar in den mißlichsten Lagen, in denen sie sich wiederfinden, geht es ihnen immer noch besser. Wenn sie zum Beispiel neben der Ehefrau noch eine Geliebte haben, dann bringt das zwar viele Probleme mit sich, aber immerhin haben sie dadurch zwei Frauen, während sich die beiden Frauen einen einzigen Mann teilen müssen. Nicht, daß Frauen ein Männerleben beneidenswert finden. Aber allein der Begriff der Midlife-Krise erscheint uns, wenn wir die Lebensläufe von Frauen studieren, schon erstaunlich und doch irgendwie beneidenswert: Was, nur eine einzige Lebenskrise?

Die Geradlinigkeit der männlichen Lebensgestaltung steht in krassem Gegensatz zum weiblichen »Konzept«.

Die Sekretärin Ilse finanzierte mit ihrem Job das Studium ihres jungen Ehemannes, was für ihn eine psychische und für sie daher eine physische Belastung war. Denn er fühlte sich schon entmännlicht genug dadurch, daß sie von ihrem Geld lebten. Sich an der Hausarbeit zu beteiligen, hätte ihm den letzten Rest gegeben.

Ilse störte die Situation nicht, denn ihre Arbeit gefiel ihr und die Einseitigkeit der Finanzen war ja nur vorübergehend.

Als Ewald fertig wurde mit seinem Studium, bestand er darauf, daß Ilse sofort ihre Arbeit aufgab. Sie tat es nur sehr widerstrebend, denn erstens ging sie gern ins Büro und zweitens hätten sie ihren Zusatzverdienst immer noch gut brauchen können. Trotzdem, wenn das erforderlich war für eine gute Ehe, war sie dazu bereit. Mit kurzem Abstand bekam sie zwei Kinder. Das jüngere Kind entwickelte Verhaltensauffälligkeiten und Ewald absentierte sich innerlich und äußerlich von diesem Problem, indem er länger und länger wegblieb und wenn er da war, nichts davon wissen wollte. Letztendlich absentierte er sich ganz, indem er mit einer anderen, kinderlosen und beruflich sehr erfolgreichen Frau davonzog. Letzteres war für Ilse die schlimmste Kränkung. Aus ihr hatte er erfolgreich eine Hausfrau gemacht, während seine neue Liebe genau das verwirklichte, was Ewald ihr verwehrt hatte.

Die Biografien von Frauen folgen bei aller Verschiedenheit der individuellen Details dennoch einem Muster, das gewisse Fixpunkte enthält. Die Fixpunkte sind die kritischen Stationen im weiblichen Leben, aber ihr Wesen ist nicht biologisch. Man kann sich das Frauenleben vorstellen als Hindernislauf. An bestimmten Punkten steht die Frau vor diesen Hindernissen, und sie kann unterschiedlich darauf reagieren. Sie kann über diese Hindernisse hinwegklettern oder sie kann versuchen, einen Umweg zu finden und die Hürde zu umgehen. Sie kann dagegen anlaufen und das Hindernis entschlossen umreißen oder sie kann sich denken, daß sich die Mühe nicht lohnt und sich vor dem Hindernis niederlassen und es sich dort so bequem wie möglich machen. Letztere Variante ist langfristig gesehen sicher die verhängnisvollste und führt nur zur Zementierung einer problematischen Situation.

Das Dasein einer Hausfrau wird von Frauen oft auch als Entkommensmöglichkeit vor der Vielzahl der Hindernisse, die engagierten und aktiven Frauen in den Weg gestellt werden, gesehen. Ein solcher Ausweg kann allerdings zu keiner langfristigen Erfolgsprognose führen, denn das Dasein einer Hausfrau ist von immanenten Belastungen geprägt: kein eigenes Geld und kein soziales Ansehen. Diese Faktoren führen geradlinig in ein materielles und psychisches Abhängigkeitsverhältnis, dessen gravierende Nachteile der Frau spätestens bei der Auflösung der Ehe schlagartig bewußt werden.

Kapitel 5

Warum Ihre Scheidung schrecklich »einvernehmlich« war

Eine Scheidung ist ein enormer Lebenseinbruch, auch wenn ihre Unausweichlichkeit von allen Beteiligten anerkannt wird. Statistisch gesehen ist sie längst »normal«. Die Zeiten, in denen eine Scheidung Anlaß für Peinlichkeit und Kopfschütteln war, sind vorbei. Die Gesellschaft und die Menschen versuchen daher, eine Scheidung als etwas Normales zu betrachten, und überfordern sich dabei oft. Sie ist normal, ja – aber auch nicht wieder so normal, wie wir tun. Die öffentliche »Ent-Dramatisierung« der Scheidung erinnert uns an die progressive Strafrechtsreform, die vieles ent-kriminalisieren wollte. Die Vergehen fanden weiterhin statt und waren weiterhin kriminell, und die Scheidung bleibt weiterhin dramatisch. Eine Anerkennung des Dramas wäre manchmal adäquater.

Die ideale moderne Scheidung ist eine, die von den ehemaligen Partnern ohne Einwirkung von Anwälten einträchtig vorbereitet und eingereicht wird. Sie verkörpert am besten unser modernes Bild von der »undramatischen Scheidung«. Man konnte nicht mehr zusammenleben, leider, und nun hat man sich freundlich damit abgefunden, hat sich auf die Modalitäten und die Trennung der gemeinsamen Güter geeinigt und geht friedlich auseinander.

Der Ausdruck »einvernehmliche Scheidung« ist insofern jedoch höchst irreführend, als er Assoziationen von Eintracht, Reife und Gegenseitigkeit weckt. Das wäre aber ein Trugschluß. Zu verstehen ist er nur im rein formalen Sinn. Im Vorfeld einer einvernehmlichen Scheidung kann es sich teilweise extrem abspielen, und die Wahl dieses Modus sagt noch nichts aus über den Gemütszustand und die Konfliktlösungsfähigkeit der Betroffenen.

Helga G. lernt mit 19 den 10 Jahre älteren Georg, der in derselben Firma arbeitet, kennen. Ein Jahr später heiraten sie, ein weiteres Jahr danach wird Sohn Peter geboren. Zum Zeitpunkt seiner Geburt ist die Ehe bereits schwierig geworden. Helga erlebt das Verhalten ihres Mannes als Bevormundung, der gemeinsame Haushalt mit der Schwiegermutter erweist sich als wenig ideal.

> Der Wunsch nach einer Trennung entstand dann konkret nach einem Streit. Es war Winter, wir waren gemeinsam unterwegs und Georg wollte telefonieren. Ich stand mit dem Baby am Arm vor der Zelle, es ging ein eisiger Wind und er hat geredet und geredet. Wir haben gefroren. Als er endlich fertig war, habe ich ihm gesagt, daß ich es garstig finde, uns in der Kälte so lang stehen zu lassen. Er war wütend, seiner Meinung nach hatte ich ihm nichts zu sagen, weil er mein Mann und der ältere und ich gar nichts war.

> Zu Hause hat er mich dann furchtbar geschlagen. Seine Mutter hat das gesehen und ist einfach daneben gestanden, sie hat gar nicht versucht, ihn einzubremsen. Es war wirklich sehr arg und ich war ziemlich zugerichtet.

> Ich war danach sehr verzweifelt, ich wollte mich sogar umbringen. Das war das Ende unserer Ehe.

> Danach war es für mich sehr schwierig, die Schwiegermutter wollte nicht mehr auf das Kind aufpassen und ich mußte aber in die Arbeit gehen. Georg wollte nicht einmal die gesetzlich vorgeschriebenen Beträge für das Kind bezahlen. Ich ging zu einer Beratung, die Anwältin hat mir gesagt, was ich alles verlangen könnte, aber ich wußte, daß mein Mann sowieso gegen das alles gestreikt hätte. Die Scheidung fand dann einvernehmlich statt.

Wie sich zeigt, kann der »einvernehmliche« Ausgang auf Gewalt, Einschüchterung, Resignation oder schlichtem Unwissen begründet sein. Es können ihm lange Konflikte vorausgehen und ihm auch fortgesetzte Konflikte folgen.

Frau M., 26, Pfarrhelferin, war mit ihrem Mann drei Jahre verheiratet, als es wegen seiner starken Eifersucht zu immer heftigeren Szenen kam. Nach langen Diskussionen kam es zur einvernehmlichen Scheidung, wobei der Mann in der Wohnung von Frau M. verblieb.

Ich hatte so Angst vor ihm, daß er mich womöglich umbringt, daß ich mir sagte, das ist es jetzt nicht wert, mit ihm darum zu kämpfen. Er hat mich arg bedroht. Ich bin letztendlich richtiggehend vor ihm geflüchtet. Es war schon ein Wert, diese Wohnung, meine Oma hatte sie mir vererbt, aber ich wollte nur noch weg.

Im sonstigen Wirtschaftsgeschehen wären Verträge, die auf der Grundlage von Erpressung und Drohung zustandekommen, nicht gültig. Im Scheidungsbereich sind sie nicht unbedingt eine Seltenheit.

Frau K., 36, Berufsberaterin, war sieben Jahre mit ihrem Mann, 39, Krankenpfleger, verheiratet, es gab eine gemeinsame vierjährige Tochter, als es zu immer größeren Problemen kam. Es kam zu Uneinigkeiten über den beruflichen Wiedereinstieg von Frau K., über Erziehungspraktiken und über die Gestaltung der Freizeit. Frau K.s Wunsch, gemeinsam eine Eheberatung aufzusuchen, wurde von ihrem Mann abgelehnt mit dem Hinweis, er sei »nicht deppert«, wenn sie aber »deppert« sei, könne sie ja gern allein hingehen. Statt dessen konfrontierte Herr K. sie eines Tages mit seinem Scheidungsplan.

Er hat mir die einvernehmliche Scheidung auf den Tisch geknallt und hat gesagt, ich solle das unterschreiben und wehe nicht. Er hat mir beim Frühstück um 6 Uhr mitgeteilt, daß er sich eine andere Wohnung genommen hat und auszieht. Ich war so geschockt, daß ich gar nichts sagen konnte. Ich dachte, wir sind jetzt 10 Jahre zusammen, und er will ganz einfach weggehen – dieser Gedanke hat mir jede Kraft genommen.

In anderen Situationen spiegelt die einvernehmliche Scheidung nur die pragmatische Erkenntnis, daß der Streitweg noch unangenehmer und teurer wäre. Auch hier kann nicht von »Einvernehmen« gesprochen werden, sondern von der Wahl des geringeren Übels. Danach können beide Seiten das Gefühl haben, eigentlich übervorteilt worden zu sein. In Scheidungen, wo keine Kinder betroffen sind, mag das letztendlich egal sein. Wo aber kein Abbruch der Kontakte möglich ist, sondern im Gegenteil bleibende Kooperation gefordert wird, ist dies schlecht.

Auch hierbei vermischen sich emotionale mit praktischen Fragen. Die Kränkung des Scheiterns überschattet das Nachdenken über finanzielle Regelungen. Herr L., 44, Baumeister, spricht für viele Männer, die eine an sich objektiv einsichtige finanzielle Regelung als persönlichen Affront auffassen, weil die Frau, die sie verlassen hat, nun auch noch Geld von ihnen haben will:

> Ein Freund, der Anwalt ist, hat versucht, zwischen uns zu vermitteln. Das hat nicht geklappt, und dann hat er zu mir gesagt: ›Ich muß dir sagen, daß deine Frau ganz einfach Anspruch auf Unterhalt hat.‹ Das war für mich ein Hammer. Sie will die Scheidung, und außerdem will sie auch noch ihren Lebensunterhalt!

> Daraufhin wollte ich auf Vernachlässigung der ehelichen Pflichten argumentieren, aber mein Freund hat gemeint, das sei nicht relevant. Wir haben dann noch ein dreiviertel Jahr gekämpft. Ich habe mir streckenweise gedacht, okay, bevor ich ihr das Geld in den Rachen werfe, dann geb' ich's genauso gern einem Anwalt. Ich hab' es ihr ganz einfach nicht gegönnt.

> Ich hab' mich sehr schwer getan, von meinem Standpunkt abzugehen, aber letzten Endes bin ich doch runtergestiegen. Ich habe das als einen fiesen Erpressungsversuch empfunden, diese Geldforderungen und die Drohung, es einzuklagen.

Das Ehepaar G., beide 34 und in einer Werbeagentur angestellt, heiratet Mitte 20 und bleibt 9 Jahre zusammen. Die Ehe ist nur anfangs gut, es gibt wenig Übereinstimmung über grundsätzliche Fragen des Zusammenlebens. Frau G. fühlt sich in der Ehe ständig überrollt. Sie wird von ihrem Mann unter Druck gesetzt, Kreditanträge zu unterschreiben für Vorhaben, die er ihr nicht erläutert. Er besteht darauf, das gemeinsame Geld allein zu verwalten.

Auch sexuell ist das Paar unverträglich. Es werden zwei Kinder geboren, doch nach 9 Jahren sieht Frau G. sich außerstande, diese Ehe fortzusetzen. Sie reicht die Scheidung ein. Ihr Mann ist damit absolut nicht einverstanden. Auf seinen Wunsch hin gehen sie in eine Ehetherapie, die jedoch erfolglos bleibt. Es kommt zu Szenen. Herr G. mischt sich demonstrativ einen Giftbecher aus Cognac und Tabletten, wirft ihn dann aber seiner Frau an den Kopf, statt ihn zu trinken.

Sie macht ihm klar, daß sie eine strittige Scheidung anstreben wird, wenn sie sich nicht einigen können. Er stellt finanzielle Forderungen, in die seine Frau einwilligt. Schließlich akzeptiert er ihren Scheidungswunsch. In den Wochen vor dem Termin herrscht einigermaßen Ruhe, bis es zu einer letzten Szene kommt:

> Es war kurz vor dem offiziellen Scheidungstag. Mein Mann kam in mein Zimmer, er hat mich bedrängt und wollte unbedingt noch einmal mit mir schlafen. Ich wollte nur noch, daß die Scheidung glatt über die Bühne geht, alles andere war mir egal, also sagte ich: ›Bediene dich.‹ Er war erstaunt und sagte, er möchte aber, daß ich es freiwillig tu. Darauf antwortete ich: ›Du hast früher auch nicht gefragt, dieses eine Mal werde ich es wohl auch noch aushalten.‹ Das hat ihn dann wohl doch getroffen, und danach habe ich ihn zum ersten Mal weinen gesehen. Aber sein »Recht« hat er sich doch noch genommen.

Es liegt auf der Hand, daß ein derartiger Beziehungsabschluß für beide Beteiligte sehr negativ und belastend ist. Er hinterläßt Beschädigungen, die das Selbstbild, den weiteren Umgang miteinander im Zusammenhang mit den Kindern, und ihre zukünftige Beziehungsfähigkeit mit anderen betreffen. Zwar wurden in dieser Aktion psychische Bedürfnisse befriedigt, jedoch wäre eine andere Form der gegenseitigen »Abrechnung« konstruktiver gewesen.

In anderen Fällen sind die Eheleute, in ihrem gemeinsamen Wunsch, schnellstmöglich voneinander loszukommen, Komplizen bei der Erreichung einer nur fingiert einvernehmlichen Scheidung.

> Wir haben die meisten Sachen komplett verschwiegen, z. B. den Kredit, den wir hatten. Wir haben im Grunde überhaupt nichts geregelt.

Das wäre vielleicht noch gut gegangen, aber nach der Scheidung verfiel der Mann– wie auch seine ehemalige Partnerin glaubt – in eine authentische Depression, die ihn arbeitsunfähig machte. Nun blieb der ungeregelte Kredit allein an der Frau haften.

In anderen Fällen steckt bereits eine unehrliche Absicht hinter dem informellen Aushandeln von Bedingungen. Herr T. war absolut gegen eine Scheidung, er wollte alles unternehmen, um die Ehe doch noch zu retten. Seine Frau aber war entschlossen, sich zu trennen.

> Um ihn zur Scheidung zu bewegen, habe ich ihm gesagt, daß wir die Beziehung ja noch fortführen könnten. Das war eine Taktik von mir. Ich habe gesagt, daß wir getrennte Wohnungen bräuchten, daß es mein Problem sei, den Zwang einer Ehe einfach nicht aushalten zu können. Damit habe ich ihm die Angst genommen, daß er ganz alleine dastehen würde. Deshalb hat er dann doch noch unterschrieben und der einvernehmlichen Scheidung zugestimmt.

Eine »einvernehmliche Scheidung« kann auch die einseitige Kapitulation eines Beteiligten bedeuten, kann der Endpunkt eines aufreibenden, destruktiven Trennungskampfes sein. Die Konsequenzen können materieller Art sein, indem eine Seite – die Schwächere bzw. Nervenschwächere – objektiv übervorteilt wird und lange danach darum kämpfen muß, wieder eine Existenzbasis zu haben. Sie können auch psychischer Art sein, wenn eine oder beide Seiten emotional belastet aus der Auseinandersetzung hervorgehen. Wir stießen auf »einvernehmliche Scheidungen«, denen Selbstmordversuche, Gewalt, Drohungen, Erpressungen und sonstige extreme Konflikte unmittelbar vorangegangen waren.

Im Falle von mitbetroffenen Kindern kann der Konflikt, der in der einvernehmlichen Scheidung bloß überdeckt war, für sehr lange Zeit weiterschwelen. Auch wenn eine Regelung getroffen wird, wirken Gefühle der Übervorteilung, der Kränkung und des Ressentiments weiter.

In manchen Fällen betrachten Betroffene das Gericht als Instanz, die ihnen Rückendeckung verschaffen und »Gerechtigkeit« herbeiführen wird. Es gibt Personen, keineswegs nur sozial Schwache oder weniger Geschulte, die sich außerstande sehen, den Konflikt mit dem Partner selbst auszutragen, und sich vom Richter ein Machtwort zu ihren Gunsten oder zumindest eine sachliche Beurteilung der Lage erhoffen. Bei einer einvernehmlichen Scheidung findet das oft nicht statt. Richter stehen meist

> auf dem Standpunkt, daß es sich um erwachsene Leute handelt, die sich geeinigt haben und die Aufgabe des Richters besteht darin, die einvernehmlichen Regelungen zu protokollieren. (Richter Dr. Kollmann, Bezirksgericht Wien)

Es gibt jedoch Personen, die sich auch im Rahmen einer einvernehmlichen Scheidung Widerspruch erhoffen – Widerspruch, zu dem sie sich in der akuten Auseinandersetzung mit einem stärkeren Partner außerstande sehen.

Dr. Renate G.'s Ehe war bereits spannungsgeladen, als es zu einer – an sich geplanten – Schwangerschaft kam. Die Schwangerschaft war kompliziert, für Frau G. auch mit längeren Klinikaufenthalten verbunden, außerdem verschlechterte sich während dieser Zeit das Klima zwischen den Ehepartnern noch weiter, der Gedanke an eine Scheidung kam auf.

Der 44jährige Betriebswirt vernachlässigte die Partnerin, holte sie mitunter nicht wie vereinbart vom Krankenhaus ab, ließ sie nächtelang allein, es gab auch vereinzelte Vorfälle von Gewalt. Frau G., 33, Ärztin, erlebte das Verhalten ihres Partners während dieser Zeit als sehr unfair, teilweise sogar brutal, sah sich aber infolge ihrer körperlichen Erschöpfung und emotionalen Extremsituation außerstande, sich entsprechend zu wehren. Der Wunsch, ihm zu entkommen, wurde jedoch immer stärker. Ein halbes Jahr nach der Geburt trat das Ehepaar zu einer einvernehmlichen Scheidung an. Die Bedingungen waren ausschließlich von ihrem Mann ausgearbeitet worden. Frau G. ging zu diesem Termin in der sicheren Erwartung,

> daß der Richter das so nicht akzeptieren würde. Ich dachte, er würde das hinterfragen, oder würde sagen, daß das so nicht geht. Aber die Richterin hat überhaupt nichts gefragt, sie hätte sogar durchgehen lassen, daß mein Mann das Sorgerecht für das Kind bekommt. Ich dachte, ich kann mit dem R. nicht streiten, ich geh' einfach dorthin und dann wird er ja selber sehen, daß seine Forderungen unmöglich sind. Doch das wäre alles ganz genau so durchgegangen, wenn ich mir nicht Bedenkzeit erbeten und noch einmal weggegangen wäre.

Manchen Richtern ist dieses Problem bewußt. Es anders zu machen, erfordert jedoch nicht nur einen großen Zeitaufwand, sondern auch eine Auffassung von der eigenen Arbeit, die nicht alle Richter vertreten.

> Ich bin der Meinung, daß ich sehr wohl eine Rechtsbelehrung vornehmen muß und auch die Scheidungsursachen besprechen muß, um die Sachlage beurteilen zu können. Ich versuche zu beachten, ob die Regelung unter Druck zustande gekommen ist, z. B. unter wirtschaftlichem Druck. Der Mann kann gesagt haben, daß er sich nur scheiden läßt, wenn die Frau dies und jenes akzeptiert. Da muß man einfach nachfragen ... (Dr. Kollmann, Bezirksgericht Wien)

Andere Richter weisen dieses Vorgehen von sich und sehen darin eine Entmündigung des Klientels.

Einige Indizien sprechen bei dieser Problematik für eine geschlechtsspezifische Differenz. Das heißt, im allgemeinen dürfte die Belastbarkeit und Konfliktfreude von Frauen in Trennungssituationen vergleichsweise geringer sein. Die von uns befragten Anwälte und Beratungsstellen vertraten die Auffassung, daß in der Regel der Wunsch, die Angelegenheit rasch hinter sich zu bringen und dafür auch auf potentielle Vorteile zu verzichten, bei Frauen ausgeprägter ist.

> Viele Frauen kommen schon von vornherein und sagen, ich verzichte lieber auf alles, als mit dem Mann streiten zu müssen und um z. B. auch das Kind behalten zu können. Sie übersehen dabei total, worauf sie alles verzichten und daß z. B. der Verzicht auf Unterhalt weit folgenschwerer ist, als es zunächst erscheinen mag.

In der Fachliteratur, die diese Beobachtung partiell bestätigt, wird die Konfliktscheue der Frauen auf ihren größeren Harmoniewunsch zurückgeführt.

Kapitel 6

Scheidung – Nicht unbedingt ein Abschluß

»Die juristische Scheidung«, schreibt Duss von Werdt in einem Standardtext über Trennungsprobleme,

> ändert nichts an den entstandenen Beziehungsmustern, sondern fixiert und schärft sie höchstens ... Es ist das Konflikthafte, das, woran die Ehe scheitert, was oft die Scheidung überlebt. Und so scheitert auch die Scheidung.[3]

Aus dem Interviewmaterial ließ sich diese Feststellung ergänzend ausweiten auf vier typische Nachfolgeprobleme:

– Festgefahrene Beziehungsmuster, oft biografisch bedingt, werden durch das Scheitern der Beziehung nicht revidiert, sondern setzen sich in der nächsten Beziehung fort oder führen überhaupt zu einer verstärkten Beziehungsangst und -schwierigkeit.

– Subjektive Probleme wie Kränkung, Verletzung, Trauer und fortgeführte Konflikte über finanzielle oder kindbezogene Belange setzen sich nach der Trennung fort und wirken als Altlast in neue Beziehungen hinein.

– Objektive Probleme infolge der Scheidung, z. B. Wohnungsnot und finanzielle Engpässe, erschweren den Wiederaufbau von Lebensqualität.

– Es gelingt den Beteiligten nicht, die Trennung zu akzeptieren und akzeptabel zu verarbeiten.

Sehr viele Geschiedene führten es in den Interviews als Problem an, daß sie die Trennung vom Partner innerlich lange Zeit nicht wirklich vollziehen konnten.[4] Die Ursachen dafür können sehr

---

[3] Josef Duss von Werdt, Die Ehe, eine Kette von Scheidungen, in Hans Jürgen Schultz (Hg.), Trennung, Stuttgart 1984, S. 84.

[4] In der Erfahrung von Beratungsstellen kann sich dies auch darin manifestieren, daß die Betroffenen in der unmittelbaren Nachscheidungssituation noch gar nicht »beratbar« sind. Nicht selten werden vereinbarte Termine nicht wahrgenommen, sondern erscheint die Person erst ein halbes Jahr, ein

unterschiedlich sein. Es kann sein, daß zumindest die eine Seite noch sehr an der anderen hängt und noch durch positive Gefühle gebunden ist. Es kann sein, daß eine Seite der anderen sehr viel vorzuwerfen hat und noch erfüllt ist von Wut, dann besteht die Bindung aus dem negativen Gefühl, daß eine ganz wichtige persönliche Rechnung unbeglichen geblieben ist. Schließlich kann es auch noch sehr schwer sein, ein gemeinsames Leben zu entwurzeln und entwirren.

Oft wird es von den Betroffenen so formuliert, daß ihnen das Gefühl des »Abschlusses« fehlt. Auch wenn das Gefühl beidseitig ist, besteht es meist nicht in hinreichend paralleler Weise, sondern gibt Anlaß zu weiteren Problemen.

Frau T., 45, Verkäuferin, ist sich auch ein halbes Jahr nach der Scheidung nicht sicher, daß ihr Mann es damit endgültig ernst meint. Seine neue Freundin, der Scheidungsgrund, ist ihrerseits noch nicht geschieden und zeigt auch keine ernsthaften Anstalten dazu. Sie sieht ihren Exmann als passive Persönlichkeit, die sich im Zug einer Lebenskrise zur Scheidung entschloß, das aber noch bereuen und wieder rückgängig machen könnte.

Belegt scheint ihr diese Meinung nicht nur durch die relativ häufige Kontakthaltung zwischen ihr und dem Exehemann, sondern auch durch die Tatsache, daß er seinen Ehering noch trägt. Von ihr darauf angesprochen meinte er, auch für ihn sei die Sache nicht abgeschlossen.

> Dann hat er mir einen perversen Vorschlag gemacht. Er sagte, ich sollte mir einige Urlaubstage nehmen, damit wir gemeinsam ans Meer fahren und die Ringe ins Meer werfen, sozusagen als symbolisches Ende.

Jahr oder sogar zwei Jahre später zur verbindlichen Beratung. Die Aufnahmefähigkeit bedurfte einer gewissen vorausgehenden Stabilisierung. Auch bei anderen traumatischen Lebensereignissen wird diese Beobachtung gemacht (z. B. Vergewaltigung ...).

Diesen Vorschlag findet Frau T. »unreif und dumm« – hauptsächlich deswegen, weil sie eigentlich keinen »richtigen Abschluß«, sondern eine Rückgängigmachung der Trennung gewünscht hat.

Bei der Unfähigkeit, eine Scheidung auch innerlich zu vollziehen, können negative Gefühle überwiegen. Das ist dann der Fall, wenn man z. B. eine erlebte Ungerechtigkeit nicht verziehen hat oder wenn man das Scheitern einer Lebensphase, die mit so vielen Hoffnungen und Emotionen besetzt war, nicht verstehen kann.

> Für ihn war es das wichtigste Anliegen, daß er so schnell wie möglich geschieden wird, daß er von dem Ganzen draußen ist. Wir waren 17 Jahre zusammen und was für mich so arg war, ist, daß man einem Menschen dann plötzlich so egal ist.

Für Frau I. war besonders belastend, daß ihr Mann nicht nur den Fortbestand der Beziehung ablehnte, sondern auch die vorangegangene Beziehung negierte:

> Er meinte, daß unser Zusammenleben 20 Jahre lang nicht das gewesen sei, was er sich unter einer Beziehung vorstellt. Das war ein ziemlicher Schlag ins Gesicht. Wenn er gesagt hätte, daß die letzten 2 Jahre nicht so toll waren, das hätte ich verstanden. Aber daß er das ganze, die ganzen 20 Jahre so wegfegte ...

Frau J., 32, medizinische Assistentin, deren gegen Ende bereits sehr zerrüttete Ehe nach 6 Jahren geschieden wurde, wünscht sich noch eineinhalb Jahre später,

> daß ich mit meinem Ex noch einmal wirklich ins Gespräch käme. Für mich war diese Trennung kein Abschluß, sondern das war ein Hinschmeißen und einfach Weggehen. Nach all dem Schweren kann das doch nicht das Ende sein, so lautlos. Ich weiß, daß es kein Zurück gibt, aber ich spüre auch, daß ich irgendwie nicht loslassen kann.

Frau J. gesteht auch, daß sie manchmal an eine Versöhnung denkt. Ihr Exmann hat zwar eine Freundin, hat ihr aber gesagt, daß es sich dabei um »nichts Ernstes« handelt. Weder über ihre eigenen Gefühle noch über die ihres Exmannes herrscht Klarheit. Frau J. gefällt der Exmann zwar »nicht so gut wie früher, aber irgendwie interessiert er mich doch noch. Das macht das Loslassen so schwer.«

Neben einer Versöhnung könne sie sich auch eine lockere Beziehung, so eine Art »Wochenendehe« mit ihm vorstellen, da das Zusammenleben mit ihm ja noch als äußerst schwierig in Erinnerung ist. Und gleichzeitig weiß sie, »selbst wenn es mir gelänge und er würde wiederkommen, wär' die alte Geschichte wieder da.«

Diese Ambivalenz ist oft beidseitig. Sie kann Verschiedenes ausdrücken, etwa daß man sich nicht sicher ist über die Trennung oder daß der Trennungswunsch nicht gleichermaßen bei beiden vorhanden ist. Sie kann aber auch ein Versuch sein, die Kränkung zu minimieren. Daß der andere noch an einem hängt, ist eine Bestätigung des persönlichen Wertgefühls; daß man sich nicht gleichgültig ist, wertet die gemeinsamen Jahre auf. Gleichzeitig sind negative Gefühle notwendig, um den Bruch zu vollziehen. Die Ambivalenz ergibt sich aus dieser brisanten Mischung an affektiven Erfordernissen.

Die Kontakthaltung kann sich in verschiedenster Weise äußern, z. B. durch den Wunsch nach Zuwendung und Fürsorge, nicht untypischerweise aber auch auf sexuellem Gebiet. Frau B. war zwei Jahre geschieden, hatte kürzlich einen neuen Partner kennengelernt und lebte mit diesem zusammen, als ihr geschiedener Mann plötzlich wieder in ihrem Leben auftauchte.

> In dieser Zeit hatte ich mit meinem ersten Mann dann wieder einen sexuellen Kontakt. Ich weiß nicht, warum ich das machte. Mein erster Mann war meine erste große Liebe ... irgendwo war

da irgendetwas, das mich noch immer an ihm gereizt hat. Ich habe mir aber sicher nicht gedacht, daß es wieder mit uns etwas werden könnte. Vielleicht war es für mich auch nur ein Spiel, daß ich einfach wissen wollte, wieweit ich ihn doch wieder erobern kann. Ich kann heute eigentlich nicht mehr genau sagen, was tatsächlich in mir vorgegangen ist.

Bei Frau G. ging der Scheidungswunsch dezidiert vom Mann aus, der sich von ihren Treueerwartungen und vom gemeinsamen Kind eingeschränkt fühlte. Doch noch Jahre nach der Scheidung

> bringt er es z. B. fertig, mich im Sommer im Urlaub anzurufen, nur um mir zu erzählen, daß er eine Angina hat. Er erwartet, daß ich Mitleid habe. Es tut mir schon leid, wenn es ihm schlecht geht, aber ich bin nicht mehr bereit, mich darauf einzulassen. Natürlich kann er, wenn er rotzt und kotzt und eine rote Nase hat, nicht zu seiner Sylvia oder Susanne oder wie die alle heißen. Aber ich bin nicht bereit, für ihn dann die Feuerwehr zu spielen. Diese Rolle habe ich gegen Ende unserer Ehe gespielt, aber jetzt nicht mehr, bitte. Er hat sich damals sozusagen die Rosinen herausgepickt, und ich war der Notanker zu Hause.

Neben Mitleid empfindet Frau G. über diese Zuwendungen ihres Exehemannes aber auch andere Gefühle.

> Im Moment läuft es offenbar für ihn nicht ganz so, wie er möchte. Irgendwo empfinde ich dabei auch eine ganz große Schadenfreude. Er hat die große Freiheit gewählt, doch nun läuft das nicht so, wie er sich das vorgestellt hat, er muß auf viele Dinge verzichten und das freut mich maßlos.

Andere Frauen und Männer wiederum suchen sich gezielt rasch einen neuen Partner/eine neue Partnerin, um ihrem Ex ein neues Glück vorzeigen zu können – er soll nicht glauben, daß sie seinetwegen leiden – oder sogar dezidiert, »um ihn eifersüchtig zu machen«. Das alles sind Formulierungen die zeigen, wie wenig die Scheidung innerlich vollzogen ist. Der Ex ist immer noch der Referenzpunkt, er soll beeindruckt, geärgert, »wiedererobert« werden. Diese Phase kann sehr lange dauern.

Drei Jahre nach der Scheidung – das Leben verläuft wieder in geregelten Bahnen, die Kinder haben sich an die neuen Umstände gewöhnt, sie hat einen Ortswechsel und den beruflichen Wiedereinstieg erfolgreich hinter sich gebracht – empfindet Erna T. das Bedürfnis, sich Hilfe zu holen und geht in eine Scheidungsgruppe:

> Ich habe nämlich eine unheimliche Wut in mir, daß dieser Mann mir 5 Jahre meines Lebens gestohlen hat. Ich spüre, das muß ich irgendwie loswerden, sonst kann mein Leben nicht normal weitergehen.

Nicht nur der Exehemann, auch andere Personen aus dem ehemaligen Lebensumfeld können diese Gefühle von Ambivalenz, von Kränkung, von unverarbeiteter Beziehung wecken. Dazu zählen die ehemals gemeinsamen Freunde und Bekannten, die sich mitunter nach der Trennung auf die eine oder andere Seite schlagen, ihre weitere soziale Beziehung auf bloß einen der vormaligen Partner einschränken. Für den anderen stellt sich dann die Frage, warum gerade er/sie »aussortiert« wurde. Nichtberufstätige Frauen sind davon besonders betroffen, da bei berufstätigen Frauen eigenständige Sozialkontakte eher weiterlaufen. Dazu beobachtet eine Beraterin:

> Sehr überrascht sind die Frauen meistens, daß der Freundeskreis zerfällt, damit haben die meisten nicht gerechnet. Das ist für sie dann eine große Enttäuschung, weil sie dachten, die halten zu ihnen, zumindest die Frauen. Der Punkt, daß sie gerade von den Frauen nach der Scheidung oft als potentielle Konkurrentin gesehen und nicht mehr eingeladen oder mitgenommen werden, bedeutet ein böses Erwachen. Dies betrifft vor allem die nichtberufstätigen Frauen.[5]

---

[5] Interview mit Frau Brandl, Frauen Beraten Frauen.

Und auch die veränderte Beziehung zu den Schwiegereltern kann kränkend sein:

> Was mich sehr gekränkt hat, die Schwiegermutter war zu mir früher immer sehr nett. ›Was würde ich bloß tun, wenn ich meine Schwiegertochter nicht hätte‹, war immer ihr Ausspruch. Sie hat genau gewußt, daß ich diejenige war, die gesagt hat: ›Geh, fahren wir hin zu ihr und besuchen wir sie.‹

> Am Anfang, als mein Mann diese Affäre hatte, stand sie auch noch voll zu mir. Es hat aber nicht lange gedauert, da ist die Freundin bei ihr schon aus und ein gegangen, und da war von meiner Seite aus von einer Scheidung noch gar keine Rede. Das hat mich sehr verletzt, daß man so austauschbar ist. Die eine weg und da kommt schon die Nächste.

Von den drei möglichen Haltungen bezüglich der Trennung hat jede ihren spezifischen Preis.

- Wenn der Partner zu leicht mit der Trennung fertig wird, ist das kränkend.

- Wenn er zu sehr leidet, ergeben sich Komplikationen.

- Ist er ambivalent, führt das zu Unklarheit und Verwirrungen, die einen Abschluß erschweren.

Herr K. ließ auch noch nach der Scheidung viele persönliche Gegenstände in der Wohnung seiner Exfrau zurück. Er behielt den Wohnungsschlüssel und stand manchmal unerwartet da, Sekt und Rosen in der Hand, um etwas »abzuholen«. Gleichzeitig machte er seiner Exfrau klar, daß es »kein Zurück geben konnte«.

Auch scheinbar irrationale, zerstörerische Interaktionen werden in diesem Kontext erklärbar. Frau I., 41, Geschäftsfrau, war 15 Jahre verheiratet, als das Verhalten ihres Mannes ihr plötzlich verändert vorkam. Nach längerem Leugnen gab er schließlich zu, eine Beziehung zu einer verheirateten Frau aufgenommen zu haben. Zunächst schlug er seiner Frau vor, sie solle diese außereheliche Beziehung tolerieren. Es folgte eine längere Phase der Unschlüssigkeit:

> Einmal sagte er: ›Ich ziehe aus.‹ Dann wieder: ›Nein, ich ziehe nicht aus, ich will es mit dir probieren.‹ Dann kam: ›Ich rufe ihren Mann an, er soll nicht ausziehen, beide Ehepaare sollen es noch einmal miteinander probieren.‹ Etwas später: ›Nein, ich kann nicht mehr, ich will die Scheidung, ich will alleine sein.‹ Er war auch depressiv dabei, hat zeitweise weinerliche Phasen gehabt.

Selbst nach der Scheidung setzten sich die verworrenen Botschaften fort. Mal rief er an, um ihr mitzuteilen, er würde nun seine Freundin heiraten, dann wieder kamen per Post Ausschnitte von Gerti Senger, die von Frau I. als »sadistische Kritik« an ihrem sexuellen Talent aufgefaßt wurden. Frau I. erlebt diese Zuwendungen als bedrohlich und insultierend, sieht darin gleichzeitig aber auch ein positives Zeichen:

> Offenbar ist ihm nicht egal, was ich mache. Diese ganzen Lügen und Intrigen, die sich am Schluß abgespielt haben, die habe ich noch nicht wegstecken können, auch nicht dieses mutwillige Wehtun-Wollen. Doch zugleich hat mich das irgendwie aufrecht gehalten. Ich bin ihm anscheinend nicht egal, sonst würde er mich nicht jetzt noch mit diesen komischen Briefen versehen. Komischerweise finde ich das auch gut, sonst würde ich mich wahrscheinlich nur wie ein Ausreibfetzen fühlen, benutzt und in die Ecke gestellt.

Das eine Wort, das auf die meisten Scheidungen paßt, ist ganz bestimmt: Ambivalenz.

> Diese Unsicherheit, dieses Hoffen, er wird schon wiederkommen, dieses Nicht-wahrhaben-Wollen, ist eigentlich das Entsetzlichste für mich. Wenn er jetzt sagen würde, ich komme zurück, weiß ich nicht, ob ich nicht ja sagen würde. Obwohl ich vorsichtiger geworden bin und eher sagen würde, ›vielleicht, aber so wie bisher nicht mehr‹.

Von Bewältigung ist noch lange keine Rede. Es gibt immer noch Tage, an denen ich in Tränen ausbreche, weil er mit seiner Freundin an denselben Ort fährt wie früher mit mir.

Das Bekannte, mit all seinen Problemen, sieht gegenüber der unbekannten Zukunft gerade in der Trennungsphase wieder viel besser aus.

Mein liebster Partner wäre immer noch meine Frau. Ich bin noch weit davon entfernt, selbst aktiv eine neue Partnerin zu suchen, vielleicht bin ich auch viel zu feig. Da kommen wieder meine alten Probleme heraus, die Angst vor der Zurückweisung oder keine andere wird mich haben wollen.

Nur wenige Menschen sind so schrecklich, vor allem in den Augen derer, die sie freiwillig gewählt haben, daß nicht noch Reste von positivem Gefühl zurückbleiben würden. Neben den Gründen, warum man diese Partnerschaft dringend beenden will, gibt es auch noch Dinge, die man am anderen vermissen wird. Aber niedrigere Gedanken können genauso wirkungsvoll belasten: z. B. die Befürchtung, daß es dem Partner nach der Trennung »unverdient« gut gehen könnte.

Die Versuchung, bei einem Partner zu bleiben nur um darüber zu wachen, daß sein Leben nicht plötzlich ganz toll und vergnüglich wird, ist zwar irrational, darf als Motivation für das Zusammenbleiben aber nicht unterschätzt werden.

Dazu kommt noch ein anderer Gedanke. Menschen trennen sich vom Partner unter anderem, weil er ihre Erwartungen und Bedürfnisse nicht erfüllt hat – oder sie zumindest nicht zufriedenstellend erfüllt hat. Wenn er aber weg ist, werden sie vielleicht überhaupt nicht mehr erfüllt. Der Partner steht für emotionale Sicherheit und Befriedigung oft auch dort, wo innerhalb der Beziehung faktisch wenig Zuwendung entgegengebracht wird. Wunsch und Hoffnung sind stärker als die Realität.

Ich wünsche mir sehr, einen Menschen zu haben, an dessen Schulter ich mich lehnen kann, weil mir die Nähe und die menschliche Wärme einfach abgehen. Auch wenn meine Frau und ich nicht sehr viel miteinander gesprochen und getan haben, so habe ich doch das Gefühl gehabt, sie ist da.

Nun ist jemand, der ein ganz selbstverständlicher Teil des Lebens war, nicht mehr da. Betroffene beschreiben ihre Desorientierung plastisch:

Ich hätte oft Lust gehabt, einfach stundenlang irgendwo zu sitzen und zu heulen. Die erste Zeit war ich irgendwo einfach nicht mehr da. Es war so, wie wenn man in ein Loch fällt und es gibt keinen Halt mehr. Ich hatte das Gefühl, alles um mich herum stürzt zusammen.

Im August ist er ausgezogen, da war ich dann teilweise total weggetreten. Da habe ich in der Früh oft nicht einmal die Füße aus dem Bett bekommen. Ich habe das überhaupt nicht fassen können, daß er einfach weg ist, für immer.

Folgen sind die bekannten »rebound«-Beziehungen, die Beziehungen also, die nur deshalb entstehen, weil man anderswo abgeprallt ist:

Für mich war die Beziehung zu Sara ein Weg, um mich über diese große Krise hinwegzuretten. Ich bin ein Mensch, der nie allein war, ich bin auch nicht gern allein. Ich habe gern viele Leute um mich. In der Situation allein zu sein, wäre schlimm gewesen, das Verhältnis zu Sara war mir einfach eine Hilfe, obwohl ich mir selbst Vorwürfe gemacht habe, weil ich doch noch gar nichts verarbeitet habe.

Häufig sind auch körperliche Folgeerscheinungen.

Ich habe manchmal das Gefühl, wenn jetzt noch etwas auf mich zukommt, dann klappe ich zusammen. Anfang 91 hat mich ein Arzt gefragt, ob ich einen Herzinfarkt gehabt habe, weil es nach meinen chemischen Werten so ausschaut, als ob ich einen Infarkt gehabt hätte.

Dann hat er eines Tages gesagt, er zieht aus. Das war für mich ganz arg, daß plötzlich alles endgültig aus sein sollte. Das war kurz vor Weihnachten letztes Jahr, und von Weihnachten bis April war ich völlig fertig. Ich war dann sogar im Krankenhaus, ich habe mit allen mir möglichen Mitteln reagiert. Meine beiden Füße waren extrem entzündet, ich konnte auf ihnen nicht mehr stehen. Es hat mir im wahrsten Sinne des Wortes den Boden unter den Füßen weggezogen.

Auch starker Gewichtsverlust bzw. Gewichtszunahme werden häufig beklagt: »Ich habe in vierzehn Tagen acht Kilo abgenommen, ich konnte keinen Bissen hinunterkriegen.« Oder: »Ich habe nur in mich hineingefuttert.«

Über die eheliche Paarbeziehung definiert sich die Identität der Partner, was zur Folge hat, daß eine Trennung als massive Bedrohung oder als bereits erfolgte Schwächung des Selbstwertgefühls erlebt wird. Obwohl »geschieden zu sein« keiner gesellschaftlichen Ausnahmeposition mehr entspricht, gibt es noch viele Stimmen, die das anders sehen.

Scheidung ist für mich etwas Schlechtes. Mit einer Trennung könnte ich mich wahrscheinlich abfinden. Es heißt eben, bis daß der Tod euch scheidet und ich weiß nicht, ich hänge so an dieser Vorstellung.

Im österreichischen Familienbericht werden die mit einer Scheidung verknüpften gesellschaftlichen Wertvorstellungen diskutiert.

So galt implizit das Verheiratet-Sein als wünschenswert, das Geschieden-Sein als unerwünscht, als devianter Zustand. Auch wenn geschiedene Personen heute weniger diskriminiert werden, soll doch festgehalten werden, daß die Etablierung einer glücklichen Partnerbeziehung für den Großteil der Bevölkerung eines der wichtigsten Handlungsziele darstellt. Umgekehrt sagt das Bestehen des Ehestandes nichts über die Qualität der Beziehungen aus. Das Ausmaß der emotionalen Trennungen muß jedenfalls als höher eingeschätzt werden, als die offiziellen Scheidungsstatistiken zeigen.[6]

Die Konsequenzen unterscheiden sich nach objektiven und subjektiven Kategorien. Die Meinung und Weltanschauung der Verwandtschaft und des jeweiligen persönlichen Milieus spielen dabei ebenso eine Rolle wie die konkreten Lebensumstände und die Persönlichkeit.

Für eine nichtberufstätige, alleinerziehende Mutter mögen die Veränderungen ihres gesellschaftlichen Status subjektiv schlimmer sein als für eine berufstätige Frau ohne Kinder – das muß aber nicht so sein. In manchen Fällen erlebt sich die Frau, die keine Kinder hat und wirtschaftlich unabhängig ist, nun als richtig frei und es geht ihr besser. In anderen Fällen aber erlebt die Frau, die Kinder hat, ihre Situation positiver, weil ihre Familie in reduzierter Form weiterbesteht.

Die unmittelbare soziale Umwelt, also Angehörige, Freunde und Bekannte treten ebenfalls mit Erwartungen an die Geschiedenen heran, auch sie definieren ihre Beziehung unter dem Blickwinkel der Trennung neu. Die soziale Verunsicherung Geschiedener infolge ihres Rollenverlustes korrespondiert mit der Reaktion unmittelbarer Bezugspersonen. Die Reaktionen der Umwelt können von Anteilnahme, Unterstützung, wohlwollender Toleranz bis hin zu Kritik, Unverständis und Ablehnung gehen.

---

[6] Wolfgang Schulz, Gilbert Norden, Scheidung, Scheidungsfolgen und Wiederverheiratung, in: Lebenswelt Familie, Bundesministerium für Umwelt, Jugend und Familie, Wien 1989, S. 517.

Reaktionen der Eltern:

Frau S., 37, Kindergärtnerin, wird bei der Trennung mit alten, ungelösten Konflikten in bezug auf ihre Eltern-Kind-Beziehung konfrontiert:

> Durch die Trennung werden ganz elementare Sachen nochmal aufgewirbelt, gerade so Ablösungsgeschichten von meinen Eltern. Ich habe ihnen nie Schwierigkeiten gemacht, auch meine Mutter hat das bestätigt – ›Aber dafür jetzt!‹, hat sie noch hinzugefügt. Das hat mich tief gekränkt, weil ich gedacht habe, nicht ein einziges Mal darf man nicht entsprechen.

> Es ist eines der schwierigsten Dinge zu ertragen, daß mein Vater mich mit meinem Lebensstil verurteilt oder zumindest nicht akzeptiert. Er versteht nicht, wie man sich trennen, alles kaputtmachen kann, und die Kinder, die Schuld, die man da auf sich lädt ... Mich von seiner Meinung zu distanzieren ist enorm schwierig für mich.

Manchmal wechseln auch die Bewertungen und Stellungnahmen zum Geschehen.

> Die Trennung ist auch für meine Eltern unvorstellbar und entsetzlich. Gott sei Dank ist für meine Eltern er gegangen, und nicht ich; das hätten sie mir sicher nie verziehen. Da merke ich erst, wie gefangen ich in ihren Vorstellungen bin, daß ich gar nicht anders hätte dürfen und können.

> Bei den Schwiegereltern war die erste Reaktion so, daß der R. momentan der Böse war, weil er mich verlassen hat. Nach ein paar Tagen war die Situation allerdings ganz anders, da habe ich dann wieder so Meldungen gehört, wie ›Sie wird dir das Weiße aus den Augen holen.‹, Alimente, Unterhaltszahlungen etc., da war der Spieß dann umgedreht. Das Verhältnis hat sich auch mittlerweile zwischen uns aufgelöst.

> Während wir noch verheiratet waren, haben seine Eltern mich einigermaßen anerkannt und haben uns auch regelmäßig besucht. Durch die Scheidung ist jetzt natürlich eine andere Situation ein-

getreten. Er ist nach wie vor ihr ein und alles, und mich haben sie mehr oder weniger fallengelassen. Mit mir wird nicht mehr gesprochen. Ich hatte zu Anfang schon noch Kontakt zu ihnen, vor allem zur Schwiegermutter, weil sie meine Tochter sehen wollte.

Also habe ich sie hin und wieder besucht, was dann jedesmal darauf hinausgelaufen ist, daß die Schwiegermutter sich auf das Kind gestürzt hat, weil sie doch jetzt so ein armes Würstel ist, weil sie keinen Papa mehr hat. Mit mir hat sie dann immer weniger gesprochen und ich habe dann zu meinem Exmann gesagt, daß er mit ihr zur Oma fahren soll, wenn sie mich nicht sehen will. Seitdem hat sie sich nicht mal mehr irgendwie bei mir gemeldet. Sie sehen es schon so, daß ich am Scheitern unserer Ehe schuld bin, weil ich den armen Buben vernachlässigt habe.

Reaktionen der Freunde:

Unsere Ehe war bekannt als beständige Sache. Ein jeder hat gesagt, das gibt es doch nicht, doch nicht der H. Das zweite, was dann kam, war immer: ›Und wieso überhaupt er? Wir haben immer geglaubt, wenn jemand aus der Ehe geht, dann du.‹ Und jeder hat gesagt: ›Mach dir keine Sorgen, der ist in 14 Tagen wieder da, weil so etwas findet er nicht mehr.‹

Ich komme immer mehr und mehr drauf, daß das nicht gut tut, daß man sich einen eigenen Bekanntenkreis suchen soll, weil da immer wieder alte Wunden aufgerissen werden, weil immer wieder irgendjemand einem anderen irgendetwas zuträgt.

Die Trennung erschüttert auch den eigenen Identitätsentwurf. Wenn die eheliche Paarbeziehung große Bedeutung für den eigenen Lebensplan hatte, dann verändern sich mit der Trennung vom Partner die bestehenden Orientierungsstrukturen für das eigene Selbstverständnis. Die Trennung kann somit für eine auf Paarbeziehung ausgerichtete Persönlichkeit eine existentielle Bedrohung darstellen. Dazu kommt die Belastung, in einem bedeutsamen Lebensbereich gescheitert zu sein.

Stellt die eheliche Partnerschaft eine wesentliche Voraussetzung für die Umsetzung spezifischer Lebensziele oder die Gestaltung eines gewünschten Lebensstils dar, dann sehen sich die Beteiligten nach der Trennung gefordert, Zukunftsperspektiven zu verändern oder vom Bestehenden Abschied zu nehmen. Je weniger Alternativen die Beteiligten in bezug auf Orientierungsmuster der eigenen Lebensgestaltung entwickelt haben, desto härter trifft sie deren Verlust. Für viele Frauen gilt noch immer das Ideal der Hausfrau und Mutter in einer »glücklichen Familie«. Das Unvermögen, dies zu realisieren, mündet in Enttäuschung und Selbstwertbeeinträchtigungen.

Nicht in allen Fällen, aber meist trifft bei traditionell konzipierten Ehen die Veränderung umso härter, je länger die Ehe bestanden hat. Stellen die Beteiligten nach der Trennung fest, die mit der Partnerschaft verbundenen persönlichen Pläne nicht mehr umsetzen zu können, dann äußert sich das in Gefühlen der Niedergeschlagenheit, Resignation und Hilflosigkeit.

> Ich wollte immer eine Familie und ich wollte immer, daß es allen gutgeht und das war eben nicht der Fall. Ich weiß schon lang, daß das alles nur ein Blödsinn ist, daß es das nicht mehr gibt, daß eine Familie bis an ihr Lebensende hält. Aber ich habe gedacht, wir sind eine Ausnahme.

> Mein größter Traum war immer Kinder und einen Mann zu haben – einfach eine glückliche Familie.

> Für mich war das gegeben, Heiraten, gemeinsam etwas aufbauen, das Leben genießen, dann Kinder kriegen und sich um die Familie kümmern und so war für mich Karriere machen nicht so gefragt.

Aber auch für jene Menschen, die unbedingt auseinandergehen wollen, bedeutet eine Trennung die Erfahrung, gescheitert zu sein, was zu Selbstwertbeeinträchtigungen in Form von Selbstvorwürfen und Schuldgefühlen führen kann. Dieses Gefühl des

Scheiterns kann sich auch darauf beziehen, mit der Auflösung einer chronisch konfliktreichen Paarbeziehung zu lange gewartet zu haben und somit zu viel an Lebenszeit unbefriedigend verbracht zu haben. Dies kann zu Gefühlen der Unzufriedenheit, des Versagens oder der Verbitterung führen.

Nach einer Trennung können Gefühle der Verpflichtung gegenüber dem früheren Partner bestehen bleiben. Sie können daraus resultieren, daß entweder positive Gefühle gegenüber dem früheren Partner weiterbestehen oder daß die Trennung einseitig initiiert wurde und damit dem Partner Leid zugefügt wurde. Dies erzeugt Schuldgefühle.

Auch derjenige, der die Trennung eigentlich nicht wollte, sucht mitunter nach dem eigenen Schuldanteil.

> Ich konnte nicht loslassen, weil ich immer noch an unserer Beziehung gehangen bin und immer nur die ganze Schuld bei mir gesucht habe. Außer daß ich keine Miniröcke trage und daß ich während unseres Wohnungsumbaus nicht jeden Abend warm gekocht habe, hat er nichts als Scheidungsgrund angeben können. Das kann es ja wohl auch nicht gewesen sein, also zerbreche ich mir ständig den Kopf, was es wohl war.

Die Erfahrung, vom Ehepartner nicht mehr geliebt zu werden, ist ein besonderer Schock. Der emotionale Rückzug eines Partners, von dem man sich einst geliebt fühlte, kommt einer Verletzung und Kränkung gleich, die das Selbstwertgefühl beeinträchtigt. Basiert das Selbstwertgefühl im wesentlichen auf der erfahrenen Wertschätzung durch den Partner, dann bedeutet eine Trennung für die Beteiligten eine massive Verunsicherung ihres Identitätsgefühls. Dies geht darauf zurück, daß eine schon früher vorhandene Identitätsunsicherheit über die Paaridentität kompensiert wurde. Die Selbstwertproblematik im Falle einer Trennung verschärft sich, wenn die Beteiligten in ihrem inneren Gleichgewicht auf eine Stabilisierung durch den Partner angewiesen sind.

Selbstwertverletzungen entstehen durch explizite Zurückweisungen seitens des Partners.

Ich habe mich dann sehr an ihn geklammert, ob er nicht doch noch zurückkommt, habe ihn gebeten, er solle es sich doch nochmal überlegen, auch wegen der Kinder usw. Aber er meinte dann: ›Wenn wir keine Kinder gehabt hätten, wäre ich sowieso schon viel früher gegangen.‹ Da bin ich auf die Palme gegangen.

Am Freitag waren wir das erste Mal nach der Scheidung wieder gemeinsam bei einer Hausversammlung. Mein Mann hat sich gleich nach der Begrüßung durch die Gastgeberin hingesetzt und neben ihm war noch ein Sessel frei. Ich habe gewußt, er mag nicht, wenn ich mich neben ihn hinsetze, aber die Gastgeberin sagte noch zu mir: ›Frau P., nehmen Sie hier doch bitte Platz.‹ Ich sagte danke und setzte mich hin, weil ich ja nicht vor ihr sagen konnte, nein, ich darf nicht neben meinem Exmann sitzen, worauf mein Mann aufgestanden ist und sich vis-à-vis auf ein Sofa gesetzt hat. Das finde ich noch immer wahnsinnig demütigend und gemein. Wie kann man einen Menschen, mit dem man Kinder hat, so runtermachen?

Selbstwertverletzungen können sich auch darauf beziehen, daß dem früheren Partner eine andere Partnerschaft, Kontakte und Aktivitäten mit Freunden oder die Verfolgung der eigenen Karriere wichtiger sind als die eheliche Paarbeziehung. Die Befragten fühlen sich umso stärker verletzt, je negativer sie die andere Person oder Tätigkeit im Vergleich zu sich selbst einschätzen.

Die Trennung habe ich lange Zeit gar nicht so ernst genommen. Es war schon Angst da, Traurigkeit vor allem, daß er nun einfach ohne mich geht, bzw. sogar mit einer jungen Studentin, die gar nichts Eigenständiges machen konnte, wie wir es uns immer vorgestellt hatten. Ich war schon sehr enttäuscht.

Ich habe mir lange vorgemacht, daß dieser Draht zwischen uns immer noch da ist, bis ich dann realisiert habe, es ist doch aus. Das war für mich jetzt das Schwierigste: Über Jahre hatte ich mich damit getröstet, daß ich mir sagte, der Draht zwischen mir und meinem Mann ist unheimlich stark. Ich bin immer diejenige, mit der er alles Wichtige bespricht, Mutter der Kinder – auch wenn sonst vieles nicht gut lief. Ich habe immer gedacht, das muß doch stärker sein als irgendwelche Abenteuer, aber nun hat das Abenteuer gesiegt, und ich bin niemand für ihn.

Kapitel 7

Scheidung – Nicht unbedingt eine Verbesserung

Nicht selten gehen Menschen in eine Scheidung mit ähnlich übersteigerten Fantasien und Hoffnungen, wie sie vorher mit der Hochzeit verbunden waren. Und eines stimmt: eine Scheidung ist ein Wendepunkt. Sie kann ein Wendepunkt zum Besseren sein oder kann zumindest, wenn das Zusammenleben richtig unerträglich war, eine willkommene Entspannung bieten.

Doch in vielen Fällen ist objektiv betrachtet leider nicht erkennbar, daß die Scheidung die Situation der Betroffenen verbessert hat; mitunter sprechen viele Indikatoren für eine Verschlechterung. Sich aus Fantasiegründen scheiden zu lassen, ist also mindestens ebenso verhängnisvoll, wie aus Fantasiegründen zu heiraten. Nur in seltenen Fällen bedeutet eine Scheidung den unbeschwerten Übergang in ein neues Leben.

Finanziell bedeutet eine Scheidung nicht selten eher eine Aufteilung der Schulden als eine Aufteilung des Besitzes. Altlasten aus einem nicht mehr bestehenden Zusammenleben existieren fort und sind Gegenstand mühseliger Abwägungen und Tauschabkommen zwischen den Beteiligten.

Die *Wohnqualität* sinkt ab, da statt einem gemeinsamen nun zwei getrennte Haushalte bezahlt werden müssen.

Wo *Kinder* involviert sind, setzt sich die gemeinsame Auseinandersetzung mit Erziehungs- und anderen Fragen auch nach der Trennung fort.

Auch die *subjektiven Konflikte* sind nicht aus dem Weg geräumt, sondern setzen sich meist fort in einer individuellen Verarbeitung der gescheiterten Beziehung und in den nicht selten heftigen feindseligen Begleiterscheinungen der Trennung; in Disputen über die Erziehung und Zeitverteilung der Kinder; in der Loslösung aus dem ehemaligen Gesamtsozialbezug.

Die Schwierigkeiten dieser Verarbeitung zeigen sich schon an der Tatsache, daß eine nach einer Scheidung eingegangene zweite Ehe oder Lebensgemeinschaft eine höhere statistische Wahrscheinlichkeit des erneuten Scheiterns aufweist als eine erste Ehe.

Es stellt sich die Frage, inwieweit die Konsequenzen einer Scheidung von den Betroffenen überlegt werden. Damit befaßte Richter gewinnen den Eindruck, daß sehr viele Betroffene sich über die Konsequenzen, auch über die finanziellen Konsequenzen, nicht klar sind. Bemühungen ihrerseits, erklärend und aufklärend einzugreifen, stoßen auf eine nur geringe Aufnahmebereitschaft. Der Wunsch, so rasch wie möglich »voneinander wegzukommen« und die Sache hinter sich zu bringen, ist zu groß.[7]

Auch gezielte Beratungsangebote scheitern oft an dieser mentalen Haltung des Zielpublikums. Ein Informationsabend mit dem Titel »Ent-Scheidungshilfe«, konzipiert für einvernehmliche Scheidungspaare, war ein völliger Mißerfolg. 80 Paare waren eingeladen, ein einziges kam. Die Angst, am prekären Gleichgewicht des Einvernehmens zu rühren und die Trennung zu komplizieren, ließ die anderen fernbleiben.[8]

Noch weniger vorhanden ist das Bewußtsein über Konsequenzen zu einem Zeitpunkt, an dem der Zusammenbruch der Beziehung noch reversibel wäre.

Aus Interviews und Expertengesprächen geht hervor, *daß die Scheidung auf der Affekt-Ebene als »Lösung« betrachtet wird, mitunter sogar als Lösung für beziehungsexterne, biografische oder sonstige Lebensprobleme.* »Sich-Scheiden-Lassen« ist eine Handlung.

---

[7] Interview mit Präsident Dr. Wolfgang Haider, Landesgericht für Zivilrechtssachen, Wien.

[8] Interview mit Richter Krommer, Bezirksgericht Wien Innere Stadt.

In derselben Weise wie auch eine Eheschließung mit weit darüber hinausreichenden Erwartungen überfrachtet werden kann, ist auch die Ehescheidung mit ihrer Signalfunktion einer dramatischen Lebenswende und mit ihrem hohen affektiven Gehalt eine Symbolhandlung.

Was nach einer Scheidung passiert, ist in der Praxis jedoch wesentlich prosaischer. Die Ehe fängt eine Kombination von faktischen Bedürfnissen – das gemeinsame Wohnen, die Organisation des Alltags, die Verantwortung für Kinder, den sozialen Umgang und die Freizeit, die Sexualität und Emotionalität – auf, zu denen sich meist noch eine Reihe von irrationalen Bedürfnissen, die aus der individuellen und kombinierten Psychostruktur der Beteiligten abgeleitet sind, gesellt. Diese materielle und psychische Gesamtversorgung ist mit der Scheidung weg, und zwar auf traumatischem Wege weg. Daß es nicht geklappt hat, daß der Partner einen ablehnen und dafür eine andere lieben konnte, daß man nun allein dasteht ... das ist eine aufwühlende Situation, die durch viele situative Dinge erschwert wird.

Früher wurde eine Scheidung primär aus moralischen Gründen abgelehnt. In späteren Jahren wurde sie unter den Auspizien der Freiheit gesehen und aufgewertet. Heute wird sie als Normalfall gewertet und neutral gesehen. Das erzeugt bei vielen Leuten die Erwartung, daß ihre Scheidung nahtlos in einen neuen und besseren Alltag übergehen wird.

Sehen wir uns also an, welche Veränderungen eine Scheidung mit sich bringt. Drei Dinge stehen fast immer fest: Man hat weniger Geld. Man wohnt anders, oft schlechter. Mit den Kindern wird es schwieriger.

Beginnen wir mit dem *Wohnen*. Eine Wohnung ist mehr als ein Dach über dem Kopf; Zeit, Geld und Ideen stecken darin. In vielen Städten ist es gar nicht leicht, eine neue zu finden. Es ist traumatisch, durch emotionalen, moralischen oder juristischen Zwang den Ort zu verlieren, an dem man buchstäblich zu Hause war. Dazu kommen gefühlsmäßige Nebenwirkungen, je nachdem, wie diese räumliche Trennung durchgeführt wurde. Manche Paare müssen, zum Teil länger als ein Jahr, unter feindseligen Bedingungen weiterhin zusammen wohnen, bis die Scheidungsverhandlung endgültige Klärung über die Besitzverhältnisse bringt. Der Ort, an dem man sich sicher fühlte, wird zum Ort, an dem absurde Dinge passieren.

Frau C., 34, Friseurin, wurde von ihrem Mann systematisch aus der Wohnung hinaustaktiert. Sie wollte eigentlich bleiben, um ihren Kindern den Ortswechsel zu ersparen, weil ihre gesamte Erbschaft in die Ablöse der Wohnung investiert worden war, und weil sie die Wohnung sehr liebte. Herr C., 38, Elektriker, sah es so, daß »der Mann bei einer Scheidung, wenn es Kinder gibt, immer der Blöde ist, der mit nichts in einer Abstellkammer landet«. Dieses Schicksal wollte er vermeiden; er gibt willig zu, daß er bereit war, sich im Interesse dieses Ziels sehr schäbig zu benehmen. Seine psychischen Delogierungstaktiken waren vielfältig. Er ging seiner Frau bewußt mit sexuellen Zudringlichkeiten auf die Nerven. Als sie einmal abends ausging und einen Zettel daließ, um ihr spätes Heimkommen anzukündigen, schmiß er den Zettel weg und rief bei all ihren Verwandten und Bekannten an mit der hysterischen Mitteilung, sie sei abgängig und würde wahrscheinlich gerade irgendwo einen Selbstmordversuch unternehmen. Schließlich brachte er seine Frau tatsächlich so weit, daß sie bis zur Scheidungsverhandlung ausziehen wollte. Selbst aus ihrem Auszug machte er noch taktische Punkte; er filmte ihr Weggehen mit der Videokamera, um zu beweisen, daß sie ihn »böswillig verließ«. Auf dem gerichtlichen Weg allein hätte er mit all diesen Tricks keinen Erfolg gehabt; der Anwalt der Frau hätte ein solches Vorgehen durchaus auch gegen ihn anführen können. Aber er bewies damit die stärkeren Nerven und seine Frau gab den Kampf auf.

Auch im Normalfall stehen beide Ehepartner nach der Trennung meist vor einer veränderten, einer verschlechterten Wohnsituation. Ein Partner muß die Wohnung verlassen und eine neue finden. Wo es sich dabei um eine sorgepflichtige Mutter handelt, kann damit ein Schul- oder Kindergartenwechsel einhergehen. Der Partner, der in der Wohnung oder im Haus verbleibt, sieht sich mit leerem Raum konfrontiert, der durch das Weggehen des anderen entstanden ist; die Kosten für die alleinige Instandhaltung einer als Familienwohnung konzipierten Fläche verbleiben nun bei einem allein.

Sind sich die Ehepartner darüber nicht einig, wie die räumliche Trennung durchzuführen ist oder ist das gemeinsame Gespräch durch die vorangegangenen Streitigkeiten beeinflußt, kommt es zu Konflikten.

Ich bin gleich, nachdem ich erfahren habe, daß er mich betrügt, zu meinen Eltern gezogen. Ich habe mich dann erkundigt und erfahren, daß er erst dann aus dem Haus raus muß, wenn wir geschieden sind und das Urteil rechtskräftig ist. Ich habe die Scheidung im Juli 91 eingereicht und er ist erst zwei Tage vor der Zwangsdelogierung im März 92 ausgezogen. Bis dahin habe ich mit meinen zwei Kindern in einem 10-m²-Zimmer bei den Eltern gewohnt.

Ich war einmal im Haus drinnen und da war das Kinderzimmer zugesperrt. Ich habe ihn dann angerufen und ihm gesagt, daß er gefälligst das Kinderzimmer aufsperren soll, weil ich etwas aus dem Kinderzimmer brauche. Das hat er aber nicht gemacht.

Daraufhin habe ich mir Verstärkung geholt und bin abends mit meiner Mutter hingegangen. Er hat erst nach langer Zeit die Tür geöffnet, im Bademantel. Ich bin hineingegangen und habe plötzlich Damenschuhe gesehen. Daraufhin habe ich ihn gefragt, wem denn die Schuhe gehören und er hat geschrien: ›Ich weiß es nicht.‹

Ich wollte ihm da wirklich die Meinung sagen, aber dann hat mich der Mut verlassen. Ich bin dann mit meiner Mutter ins Kinderzimmer raufgegangen und habe die Sachen, die ich gebraucht habe, zusammengepackt.

Er hat mich dann, wie wir gehen wollten angeschrien und mich gefragt, ob das wirklich alles ist, was ich ihm zu sagen habe. Ich bin dann noch ins Schlafzimmer gegangen, um von mir ein Gewand zu holen, und da habe ich dann bei meinem Bett der ihr Gewand gesehen. Das hat mich wahnsinnig getroffen, obwohl ich bereits gewußt habe, daß es da jemanden gibt.

Die emotionale Bedeutung der räumlichen Trennung findet auf vielen Ebenen statt. Das »Zusammenziehen« ist emotional bedeutungsreich, die Gegenbewegung ebenfalls. Viele Variationen sind dabei möglich.

Oft steht hinter dem Auszug die Absicht, durch den zeitlichen und räumlichen Abstand, Klarheit zu gewinnen. Mitunter ist die Androhung einer räumlichen Trennung nur als Schreckschuß gedacht; dieser Plan sieht vor, daß der andere einen händeringend davon abhält. Auch der Auszug selbst kann nur als Signal konzipiert sein. Der Partner soll erschrecken und sehen, daß man es ernst meint. Er soll spüren, wie sehr er einen vermißt und wie unbequem und einsam das Leben allein ist.

Er kann natürlich nicht zugeben, daß es im Moment nicht ganz so läuft, wie er möchte. Er hat die große Freiheit gewählt, aber hat nicht gesehen, was er vorher gehabt hat. Er hat viel Geld zur Verfügung gehabt, er hat diese große Wohnung gehabt, eine Putzfrau, also es ist alles dagewesen und jetzt wohnt er zur Untermiete, in einem kleinen Zimmer und muß noch die Hälfte seines Gehaltes für mich abgeben.

Streit um die Aufteilung des Besitzes hat natürlich dieselbe Vermischung von faktischer und emotionaler Relevanz. Die Partnerschaftsgeschichte und die Machtrelation werden symbolisch ausgehandelt, Kränkungen werden »zurückgezahlt«, Identität soll gerettet werden durch die siegreiche Rückeroberung des eigenen oder die Erringung des gemeinsamen Besitzes. Dabei geht es oft nicht um den Realwert des Objektes.

Frau H., 36, Sozialtherapeutin, erzählt, daß ihr Mann im Zuge der Scheidung oft mitten in der Nacht ins Haus gekommen ist, um sich irgendwelche Sachen zu holen. Als sie sich darüber beschwerte, kam er tagsüber, wenn sie in der Arbeit war:

> Er hat sich alles genommen, was er hat brauchen können. Da waren auch Dinge von meinem verstorbenen Vater dabei. Das hat mich sehr getroffen. Das waren noch Bücher, die mir mein Vater zur Matura geschenkt hat. Vor dem Richter hat er behauptet, daß das alles ihm gehört und daß er das von seinen Eltern bekommen hat.

Somit verlieren die Beteiligten für sie lebensgeschichtlich bedeutsame Gegenstände. Anhand der Aufteilung wird der Trennungsprozeß praktisch vergegenständlicht.

Bestehende Aggressionen erschweren eine Einigung bei der Aufteilung des gemeinsamen Besitzes, so daß die Problematik von der emotionalen auf die materielle Ebene transferiert wird.

> Zuerst hat er gesagt, ich will dich ja finanziell nicht ruinieren und ich will nichts von dir und ich gehe. Du übernimmst das Haus und die Schulden. Natürlich bin ich dagesessen vor einem Schuldenberg von 1, 5 Millionen Schilling. Er hat immer von einem Betrag von 3, 5 Mio Schilling geredet, was das Haus alles in allem gekostet hat, davon mußt du mir soundsoviel zahlen. Das hat er alles fertig gebracht, mir so hineinzudrücken, daß ich mir gedacht habe, na schau, er ist ja doch noch nett bei dem Ganzen, er geht, aber er schenkt mir quasi 500.000 Schilling.

> Das hat solange angehalten, bis ich bei einem Anwalt war und der mir gesagt hat, das geht aber auf keinen Fall von dem Wert weg, was es gekostet hat, sondern vom Verkehrswert. Ich habe das Haus dann schätzen lassen, was ihn fuchsteufelswild gemacht hat.

Ich habe ihn dann auch gefragt, wie das mit den offenen Rechnungen ist, die noch da sind, ob er die übernimmt. Darauf hat er gesagt: ›Wie komme ich dazu, daß ich dir etwas zahlen soll.‹ Zu Weihnachten haben wir aber ausgemacht, daß er sich das Auto und alle elektronischen Geräte nimmt, das ist ein Wert von 150.000 Schillling. Dafür muß er mich aber unterstützen.

Der Richter hat dann entschieden, ich habe ihm 150.000 Schilling zu zahlen. Ich hätte dann noch einklagen können, daß ich praktisch die ganze Ehe hindurch 90% des Haushaltes gemacht habe neben meiner Arbeit, aber das hätte sich dann über Jahre gezogen und da habe ich mir gedacht, das bringt nichts.

Finanziell geht es Geschiedenen meist schlechter als während ihrer Ehe. Das kann eine vorübergehende Sache sein, z. B. dort, wo ein Partner viel mehr Kosten verursachte als der andere. Sind die gemeinsam aufgenommenen Kredite einmal abbezahlt, geht es für den sparsameren Partner entspannter weiter. Die Scheidung kann auch eine heilsame ökonomische Wende bedeuten, z. B. dort wo eine Frau nach der Scheidung wieder in ihren Beruf einsteigt und daran Gefallen findet. Statistisch häufiger ist aber die wirtschaftliche Verschlechterung, die soziale und emotionale Folgekosten hat.

Vor allem alleinerziehende Mütter sind oft gezwungen, Sozialhilfe bzw. die Unterstützung »Dritter«, etwa ihrer Eltern, anzunehmen. Dies mindert das Gefühl der Selbständigkeit und des Selbstwerts, die Frau erlebt sich als Sozialfall oder fühlt sich in unangenehmer Weise wieder in eine kindliche Abhängigkeitsbeziehung gegenüber ihrem Elternhaus versetzt.

Als geschiedene Frau mit zwei Kindern ist man nichts weiter als eine Bittstellerin. Man kriegt ganz schwer eine Wohnung, man muß vielfach um seinen Unterhalt kämpfen und wenn der nicht kommt, geht man zum Jugendamt betteln. Das ist nichts weiter als ein ständiges sich Abstrampeln, um zu überleben.

Als wir uns getrennt haben, hat unser Konto ein Minus von 230.000 Schilling gehabt. Ich möchte das immer vor diesen Hintergrund stellen, weil der W. oft gesagt hat, du schaust immer nur aufs Geld. Das tue ich eigentlich nicht, aber es ist jetzt eines der wichtigsten Dinge in meinem Leben. Ich habe eine Todesangst davor, daß ich mein Konto überziehe, weil das ja ein enormer Betrag ist, und ich muß das jetzt Rate für Rate mitbezahlen, obwohl ich das überhaupt nicht ausgegeben habe.

Von den Eltern finanziell abhängig zu sein, kann dazu führen, daß das Gefälle Eltern-Kind wieder stärker wird und die eigene Entscheidungsfreiheit reduziert wird.

Ich wurde von meinem Vater auch finanziell unterstützt; ohne ihn hätte ich es die ersten zwei Monate nicht geschafft. Mittlerweile habe ich das Geldproblem im Griff und es geht sich aus.

Frau G., 29, Hausfrau, die seit der Trennung mit ihren beiden Kindern bei ihren Eltern lebt, bemerkt, daß sie und ihre Kinder auf derselben Stufe stehen:

Mein Problem ist momentan dasjenige, daß ich immer mehr in die Abhängigkeit von meinem Vater falle. Sicher bin ich froh, daß er da ist, aber die Abhängigkeit wird auch größer. Ich freue mich jetzt schon, wenn ich endlich in meinem Haus bin und so richtig selbständig mit den Kindern agieren kann. Natürlich gibt mir mein Vater dann wieder Geld, und ich bin wieder abhängig, aber es ist nicht ganz dasselbe. Wenn ich dann wieder arbeiten gehe, arbeite ich sicherlich wieder bei meinem Vater und das ist einfach furchtbar. Diese Abhängigkeit ist einfach furchtbar.

Frau G.s Familie hat jeglichen Kontakt zu ihrem Exmann abgebrochen weil dieser – obwohl er die Scheidung wollte und während seiner Ehe zahlreiche Freundinnen hatte – ihren Vater um Geld angegangen ist:

Mein Mann hat meinen Vater noch kurz vor der Scheidung in einem Brief angebettelt, daß er mich finanziell unterstützen soll. Er wollte sich sozusagen von den Unterhaltszahlungen befreien. ›Du hast doch eh genug Geld, gib deiner Tochter etwas, sie ist ja auch mitschuld dran.‹

Über die Unterhaltszahlungen bestehen zwischen den geschiedenen Ehepartnern entsprechend dem Alter der Kinder noch jahrelange Verbindungen, die je nach Ausmaß der vorangegangenen partnerschaftlichen Konflikte unterschiedlich positiv oder negativ erlebt werden. Vom ehemaligen Partner Geld zu erhalten, kann das Gefühl der Abhängigkeit erzeugen.

Nach sehr langjährigen Ehen oder dort, wo der Ehemann auf die Scheidung drängte, können Frauen diese letzte Verbindung an den ehemaligen Partner, diesen Rest seiner Verantwortung für ihr Wohlergehen, positiv sehen – wenngleich das den psychischen Abschluß der Trennung verhindert.

Andere Frauen, die von sich aus die Trennung wollten und großen Wert auf eine totale Loslösung legen, ziehen mitunter finanzielle Einbußen vor, um vom früheren Ehepartner kein Geld annehmen zu müssen.

> Ich habe auf Unterhalt verzichtet, ich kriege nur Alimente für meine Tochter. Ich habe gesagt, ich brauche es nicht, ich will es nicht, ich will nicht mehr von ihm abhängig sein. Ich habe mir von rundherum sagen lassen, ich hätte es nicht tun sollen, aber ich war die erste Zeit froh, wenn ich ihn nicht einmal gesehen habe. Ich hätte das Gefühl, daß ich von ihm abhängig wäre, wenn ich Unterhalt beziehen würde und ich brauche das nicht, ich kann das auch alleine.

> Auf der anderen Seite habe ich manchmal den Ehrgeiz, daß ich mir denke, aus, jetzt lass' ich mich scheiden und beweise ihm, daß ich es allein schaffe. Ich brauche überhaupt keinen mehr, der mich erhält, aber dann denke ich mir wieder, nein, dann hätte er genau das, was er wollte. So einfach soll er es nicht haben und vor allem sie (seine Freundin) nicht.

Wo es in wesentlichen Punkten keine Einigung gibt, verlagert sich der Streit in die Gerichte; und wird zu einer vieljährigen Angelegenheit. Die Kontrahentenbeziehung, die dann zwischen den ehemaligen Lebenspartnern entsteht, ist sehr zehrend. Episoden aus der gemeinsamen Vergangenheit werden ausgegraben und interpretiert, bis sie zu rechtstauglichen Beweisstücken mutieren. Der Streit ist psychisch sehr involvierend. Die Betroffenen legen Aktenordner an, gehen ihren Freunden, Bekannten und Berufskollegen auf die Nerven, zahlen gigantische Anwaltshonorare. Für manche wird der Streit buchstäblich zum Lebensinhalt, sie treten z. B. einer politischen Aktionsgruppe bei oder schließen sich der militanten Vaterrechtsbewegung an. Der Scheidungskonflikt wird zu einer neuen Identität.

Die Kinder. Nach einer Trennung bleiben – wie Betroffene wissen – viele Gemeinsamkeiten und viele Verstrickungen bestehen. Die sichtbarste »Verstrickung« sind gemeinsame Kinder. Hier haben manche Menschen die Chance, ihre neurotische Interaktion trotz einer Scheidung noch jahrzehntelang fortzusetzen; andere bleiben jahrzehntelang im Bann eines Expartners, den sie lieber gänzlich aus ihrem Leben streichen würden. Die »schreckliche Scheidung« ist wegen der Kinder und für die Kinder oft besonders schrecklich, findet ihretwegen keinen echten Abschluß.

Die auftretenden Schwierigkeiten sind sehr vielfältig; sehen wir uns im folgenden einige Konstellationen an, bevor wir versuchen, eine Linie zu finden.

Für viele Leute ist es ein Schock, zu erleben, daß es für sie infolge der gemeinsamen Kinder »kein Entkommen«, keine echte Freiheit geben wird. Sie sind empfänglich für emotionale Erpressung, wie im Fall von Frau M.:

> Einmal hat er sich wochenlang nicht gemeldet, um sich um den D. zu kümmern und der war schon recht traurig. Ich bemühe

mich dann immer, meinen persönlichen Haß zu überwinden, weil es mir ja um mein Kind geht und rufe ihn doch an und frage: ›Was ist los?‹

In der Scheidungssituation sind Kinder ein Angelpunkt für finanzielle Erpressung, und zwar auf beiden Seiten.

Eine Frau, die ihren Kindern Kummer und sich selbst einen Sorgerechtsstreit ersparen will, ist zu finanziellen Zugeständnissen bereit; sehr oft reduzieren Frauen die ihnen zustehenden Forderungen an den Mann, wenn er ihnen dafür ohne Streit die Kinder läßt. Viele Anwälte erleben dies als den ernüchterndsten Aspekt ihrer Arbeit – daß es tatsächlich Väter gibt, die das Sorgerecht für die Kinder nur deshalb beanspruchen, um die Frau zu erschrecken und zu finanziellen Zugeständnissen zu bewegen: Eigentumswohnung oder Auto gegen Kind.

Umgekehrt müssen Väter sich den ungehinderten Zugang zu ihrem Kind mitunter mit finanziellen Zusatzleistungen erkaufen.

Wenn ich Benni heimbrachte, wartete meine Exfrau immer schon mit einer »Einkaufsliste« auf mich. Die Liste betraf nicht einmal unbedingt die Kinder; einmal sollte ich ihr helfen, den Kredit eines Schwagers umzufinanzieren. Wenn ich bereit war, die zusätzlichen Dinge zu bezahlen und zu kaufen und zu machen, war gute Stimmung. Wenn nicht, konnte ich sicher sein, daß es mit dem nächsten Abholungstermin Schwierigkeiten geben würde, daß die Kinder ganz plötzlich eine Einladung hatten und nicht zu mir konnten.

Manchmal ist die Erpressung subtil, manchmal auch ganz deutlich. Frau P. sah sich vor die Entscheidung gestellt, entweder ihre Kinder in die Scheidungsverhandlungen mithineinzuziehen oder auf die Bedingungen des früheren Partners einzugehen.

Eine seiner schlimmsten Aussagen war, wie er gesagt hat: ›Wenn du glaubst, wir müssen Krieg spielen, dann tun wir das eben.

Wenn du diesen Vertrag nicht unterschreibst, dann werden wir eben kämpfen, aber ich kann dir gleich sagen, die Leidtragenden werden die Kinder sein, weil über die wird das ausgehen.‹

Die Kinder werden auch aktiv eingespannt. Als der oben zitierte Vater bei der Abgabe nicht mehr in die Wohnung seiner Ex ging, um ihrer »Einkaufsliste« zu entkommen, brachten die Kinder diese Liste beim nächsten Besuch einfach mit.

Frau R. wurde vom Mann unter moralischen Druck gesetzt. Ihr ehemaliger Mann wirft ihr vor, durch ihre unmäßigen Unterhaltsforderungen mitschuldig an der Verschlechterung der Beziehung zu den Kindern zu sein:

> Er hat dann gesagt: ›Na, wenn ich soviel für die Kinder zahlen muß, dann wird das eben so ausschauen, daß ich nicht mehr mit ihnen essen gehen kann, sie auch nicht mehr einladen kann und schon gar nicht mit ihnen auf Urlaub fahren kann.‹ Darauf ich: ›Naja, wenn du meinst. Aber du darfst nicht glauben, daß deine Beziehung zu den Kindern und deine Unterhaltspflicht, daß das ein Paar Schuhe ist. Glaube nicht, daß du mir da schon wieder den Schwarzen Peter in die Schuhe schieben kannst, daß ich dann die Schuld dafür trage, wenn du zu ihnen keine gute Beziehung hast.‹

Weigert sich der Mann, Unterhalt zu zahlen bzw. ist er mit seinen Zahlungen unzuverlässig und die Frau nicht berufstätig, dann kommt es oft zu finanziellen Engpässen. Kinder, als das Bindeglied, sind Vermittler und Übungsfeld für Ressentiments. Frau T. bekam vor Gericht mit ihren Unterhaltsansprüchen recht, doch damit war die Sache für ihren Mann noch lange nicht abgeschlossen:

> Er hat dann versucht, über die Unterhaltszahlungen für die Kinder Druck auf mich auszuüben. Er hat zu ihnen gesagt: ›Wißt ihr überhaupt, was ich für euch zahle? Das gehörte alles euch und wißt ihr, was die Mama alles mit dem Geld macht?‹ Da haben sie gesagt: ›Pfoooh, so viel und wieso kriegen wir das nicht?‹

Die Angst, durch den eingeschränkten Kontakt die Beziehung zu den Kindern ganz zu verlieren, besteht auf Seiten des Nichtsorgeberechtigten vor allem dann, wenn der Sorgeberechtigte aktiv daran arbeitet, vor den Kindern ein negatives Bild des früheren Partners zu entwerfen. Herr T. beklagt sich darüber, daß er seine Tochter nur mehr einmal im Monat sehen kann, weil die Mutter sich gegen eine Kontaktaufnahme ausgesprochen hat:

> Die Nicole ist auch so manipuliert worden, wie es mir gar nicht gefällt. Wenn sie mir erklärt, sie hat vergessen, mich anzurufen, dann verliert sie irgendwo ihre Glaubwürdigkeit. Ich glaube schon, daß meine Frau ihr das Zusammensein mit mir untersagt, weil sie schon immer gesagt hat, daß sie diesbezüglich einen Zorn auf mich hat, weil sie nicht versteht, warum die Nicole am Papa so hängt. Das ist traurig an der ganzen Geschichte, daß die Nicole den Einflüssen ihrer Mutter so ausgeliefert ist.

Doch das Defizit ist auch dann spürbar, wenn sich objektiv wenig ändert; wenn die Expartner sich vertragen und der Nichtsorgeberechtigte seine Kinder genauso viel sieht wie früher. Denn »die Familie« ist trotzdem weg.

> Heute empfinde ich viel, viel mehr Trauer, wenn ich die Kinder nicht sehen kann. Früher war ich oft 15, 20 Tage im Monat locker nicht da, aber das hat mich mit viel weniger Trauer erfüllt als jetzt, da ich sie eine Woche nicht gesehen habe.

Eine emotionale Belastung der Eltern entsteht dadurch, daß sie mit ihren Kindern mitleiden und sich teilweise schuldig fühlen, die Kinder der Trennungssituation ausgesetzt zu haben. Derjenige, der die Scheidung wollte, fühlt sich meist besonders schuldig.

Herr T. berichtet von seinen Schuldgefühlen in bezug auf die Tatsache, die Trennung nicht gleich radikal vollzogen und seine Kinder damit im Ungewissen gelassen zu haben.

Am Anfang habe ich den Eindruck gehabt, daß sie gar nicht sehen wollten, was eine Trennung bedeutet; aber wahrscheinlich haben wir es ihnen auch viel zu wenig deutlich gesagt.

Das war eine ungute Situation, solange ich so pseudomäßig noch zu Hause war, das heißt, meine Kleider noch dort hingen, da waren die Kinder noch sehr im Zweifel. Das war mit Abstand die schlimmste Zeit. Ich bin fast gestorben vor Schuldgefühlen und Traurigkeit, wenn ich daran gedacht habe, und für die Kinder war es genauso schlimm.

Die vielen Warnungen aus der Umgebung hinsichtlich der schädlichen Auswirkungen einer Scheidung auf Kinder verstärken die Schuldgefühle zusätzlich.

In ihrem Bemühen, die Kinder »herauszuhalten«, verstärken manche Eltern ungewollt den Druck. Denn die Angst der Kinder wird gesteigert, wenn Eltern ihre Kinder während des Scheidungsablaufs im Dunkeln lassen. Nicht selten erfahren die Kinder erst Wochen oder Monate nach der Scheidung überhaupt vom Ereignis. Eltern wollen es den Kindern dadurch leichter machen. Das Kind soll sehen, daß die Scheidung sein Leben gar nicht oder kaum beeinträchtigen wird: »Schau, wir sind schon längst geschieden und du hast gar nichts bemerkt!«

Der Effekt ist ein umgekehrter; das Kind wird extrem verunsichert. Weltbewegende Dinge können stattfinden, ohne daß es davon weiß: Wer weiß, was die Erwachsenen noch alles im Schilde führen? Das erzeugt ein tiefgreifendes Gefühl von Angst und Unsicherheit, das ein Kind – je nach Alter und Persönlichkeit – unterschiedlich verarbeitet.

Mein Sohn hat dann begonnen, eine Art Tagebuch zu schreiben, da war er noch nicht einmal acht. Zur selben Zeit ist der Hund meines Vaters gestorben, den er sehr gern gehabt hat, und er hat dieses Tagebuch an den Hund adressiert. Das macht er heute noch manchmal, wenn er traurig ist. Wenn man dahinter guckt, sind das im Grunde seine ganzen traurigen Gefühle, seine Verlustängste, die er auf den Hund überträgt.

Es ist sattsam bekannt, daß Kinder unter einer Scheidung leiden. Das Klischee, bei dem wir an einzelne, traurige Kinder denken, verdeckt ein breiteres Problem: den möglichen kumulativen Effekt der kindlichen Scheidungserfahrung. Die Erfahrung prägt nicht nur die Biografie des Kindes, sondern auch sein Weltbild. Müttern fällt auf, daß ihre Kinder aus der miterlebten Scheidung ihre Schlüsse ziehen, sich in unterschiedlicher Weise einen persönlichen Reim darauf machen.

Der 12jährige Sohn von Frau M. reagiert gespalten. Er sympathisiert mit der Mutter, aber auch die Macho-Sprüche des Vaters machen Eindruck:

> Auf der einen Seite sagt er: ›Mehr als was er uns angetan hat, hätte er uns eigentlich nicht antun können.‹ Auf der anderen Seite kommen dann wieder so Sätze wie: ›Na, ich verstehe den Papa total. Das ist eh das einzige, was man machen kann. Das würde ich auch machen. Ich schaue doch nicht zu, wie die eine Frau welk wird, wo es so viele gibt, die noch jünger sind. Das hätte ich auch gemacht, daß ich mir dann eine Jüngere nehme.‹

Für dieses Kind scheint es zwei Wahlmöglichkeiten zu geben: entweder man wird verlassen, oder man verläßt. Die zweite Variante verspricht weniger Schmerzen und besitzt daher Anziehungskraft.

Es gibt aber auch eine andere Möglichkeit, sich vor dem Schmerz zu schützen. Die 17jährige Tochter von Frau K. schafft sich Sicherheit durch Abwehr:

> Die Szenen, die sich abgespielt haben, in der Zeit, in der mein Mann noch daheim war, und in der Zeit unmittelbar nach der Trennung, das sind Dinge, die könnte man nicht mit Milliarden ablösen oder vergelten. Ich glaube, daß sie ein gestörtes Verhältnis

zu Männern daraus mitgenommen hat. Sie hatte bis jetzt noch keinen Freund, was in ihrer Altersgruppe unüblich ist. Sie sagt immer, sie will die nächsten fünf bis zehn Jahre keinen Freund haben. Ich glaube, sie hat Angst vor dem Verlassenwerden.

Da die Scheidung zumindest vorübergehend zu einem dermaßen dominanten Aspekt des Lebens wird, wird ihr manchmal subjektiv auch zu viel Bedeutung zugemessen. Vor allem Frauen quälen sich mit vielen projektiven Gedanken darüber, wie desaströs alles weitergehen wird. Die Veränderungen, die mit der Scheidung einhergehen, z. B. der berufliche Wiedereinstieg oder das Sorgerecht für die Kinder, werden vorausahnend mit negativen Folgen versehen. Sie werden ihre Kinder – die noch nicht einmal in die Volksschule gehen – ohne einen männlichen Miterziehenden niemals gut durch die Pubertät bringen. Die Kinder werden dann nicht mehr auf sie hören, und es wird keine tiefe männliche Stimme im Haus geben, die Ordnung schafft.

Der Gedanke, als Sorgeberechtigter allein die Verantwortung für die Versorgung und Erziehung zu tragen, macht vor allem dann Angst, wenn der frühere Partner diesen Umstand hervorhebt. Frau K., deren Mann nach 14 Jahren Ehe zu seiner Freundin gezogen ist, fühlt sich durch dessen Aussagen unter Druck gesetzt:

> Er will nur draußen sein und eigentlich für nichts mehr die Verantwortung übernehmen. Er betont das auch immer wieder, wenn er glaubt, er muß ein bißchen Druck machen. So quasi, du mußt genau wissen, du hast die volle Verantwortung für die Kinder. Du mußt dir bewußt sein, wenn etwas passiert, dann wirst du angerufen, dann bist du dran. Das ist sein einziger Beitrag, wenn unsere Kinder einmal zu spät in die Schule kommen oder einer einmal einen Fünfer hat.

Manche Eltern, die sich der negativen Auswirkungen der Scheidung auf ihre Kinder bewußt sind, stecken eigene Bedürfnisse zurück um sich primär an denen der Kinder zu orientieren.

Am Anfang habe ich mir gedacht, ha, jetzt bin ich frei, jetzt werde ich all das machen, was ich immer schon machen wollte und nicht gemacht habe, aber das geht gar nicht. Es geht einerseits einfach von der Zeit her nicht, andererseits bin ich nach der Arbeit auch zu müde, um noch auszugehen oder sonst etwas zu machen. Ich denke mir auch, daß ich das den Kindern nicht antun kann, daß ich es ihnen schuldig bin, jetzt primär für sie dazusein.

Geschlechtsspezifische Unterschiede im Scheidungsverhalten

Ein besonders umstrittener Punkt betrifft die geschlechtsspezifischen Verhaltens-, Motivations- und Erfolgsunterschiede bei einer Scheidung. Wer steigt besser bei einer Scheidung aus? Wer ist boshafter, nachtragender, berechnender? Wer leidet mehr und länger? Auch unter Fachleuten werden diese Fragen für relevant erachtet, gibt es Meinungen dazu, die jedoch weit auseinandergehen.

Im folgenden schlaglichtmäßig einige der »Erkenntnisse«, die uns von den Interviewpartnern/innen vorgetragen wurden:

Viele *Richter* ziehen es vor, Scheidungen ohne die Mitwirkung von Anwälten durchzuführen. Anwälte sind für die Beteiligten mit Kosten verbunden und können zu einer Verschärfung des Konflikts führen. Sie ziehen es vor, wenn die Beteiligten sich vorher Informationen holen und dann mit konkreten Vorschlägen vorsprechen.

Geschiedene Ehemänner beklagen oft den Einfluß von Rechtsberatungen, insbesondere die öffentlichen Beratungen werden von ihnen als frauenfreundlich erlebt. Dort werden, in ihrer Wahrnehmung, Frauen über ihre Möglichkeiten aufgeklärt und kämpferisch und fordernd gemacht.

Anwälte und Sozialforscher zeichnen mitunter ein ganz anderes Frauenbild. Sie führen wiederholt an, daß der Verzicht auf einen Anwalt für Frauen besonders folgenschwer ist, weil Frauen ohnehin zu einem konzilianten, konfliktvermeidenden Verhalten neigen. Der Harmoniewunsch kann zum Wunsch führen, Streit zu vermeiden, alles hinter sich zu lassen und die Beziehung einfach schnellstmöglich los zu sein. Das kann mit einem Verzicht auf Ansprüche verbunden sein, der sich im weiteren Lebensverlauf als folgenschwer erweist.

Es zeichnen sich geschlechtsspezifische Unterschiede auch in der Verarbeitung einer Scheidung ab. Beratungsstellen beobachten, daß nicht nur die Bereitschaft, mit professioneller Hilfe an einer gestörten Partnerschaft zu arbeiten (das heißt, die Dienste einer Eheberatung in Anspruch zu nehmen) bei Frauen größer ist. Auch nach einer Scheidung sind es eher die Frauen, die zwecks Verarbeitung ihrer Gefühle eine Beratungsstelle aufsuchen (das Zahlenverhältnis 3:1 wird von den Beratungsstellen geschätzt). Mitarbeiter einer katholischen Beratungsstelle beobachten bei Frauen eine größere Neigung zur

> aktiven Trauer über eine gescheiterte Beziehung. Es ist oft so, daß Männer erst ein Jahr später und zwar mit psychosomatischen Störungen in die Beratung kommen. Sie gehen zuerst zum praktischen Arzt und dort kommt dann schrittweise heraus, daß sie eine Scheidung hinter sich haben. Und diese Männer landen dann über den Hintereingang »praktischer Arzt« bei uns.

Eine Therapeutin in einer Münchener Eheberatungsstelle macht folgende Beobachtung:

> Es ist für Männer sehr schwierig zu sagen, meine Frau will mich nicht mehr. Dann steht er als der totale Versager da. Frauen können zugeben, daß ihr Mann eine neue Freundin hat, daß sie ihn hassen dafür, das ist irgendwo klassisch, aber Männer haben eine Schwellenangst. Sie haben auch Angst, daß sie z. B. vor der Therapeutin weinen könnten. Bei Männern muß der Druck schon sehr groß sein, ehe sie hierher kommen; oder der praktische Arzt schickt sie.

Kapitel 8

Der programmierte Schiffbruch –
Oder: Verliebt, verlobt, verheiratet, geschieden

Das Scheitern von Beziehungen geht nicht auf ein einzelnes Ereignis zurück, sondern ist ein mehrphasiger Prozeß. Allzu oft ein vorprogrammierter, den bestimmte kritische Konstellationen und Situationen kennzeichnen. Dieses Kapitel beschreibt die gängigsten Muster und skizziert Maßnahmen, die einen besseren Umgang damit ermöglichen sollen.

Erste Phase – Wahl des Partners, Entschluß zur Beziehung

Typische Problemkonstellation: unterschiedliche, nicht transparent gemachte Erwartungen der Partner an das Zusammenleben. Eingehen der Beziehung von einer oder beiden Seiten nur unter Vorbehalt. Anonymisierung des Partners, der aus biografischen oder sozialen Beweggründen »gebraucht«, aber nicht realistisch gesehen und ausgewählt wird.

Für diese Phase gibt es keine adäquaten Vorkehrungen, obwohl gerade dieser Beziehungsabschnitt von entscheidender Bedeutung ist. Ein Zusammenleben, das bereits unter fragwürdigen Vorzeichen anläuft, bzw. eine Partnerwahl unter irrealen Auspizien bringen die Beziehung bereits auf ein äußerst schlechtes Gleis. Es ist keine Seltenheit, daß Leute heiraten, um ihre Eltern zu ärgern, um ihre Freundinnen neidig zu machen, um dem Elternhaus zu entkommen, um eine größere Gemeindewohnung zu bekommen, weil der Partner ein Ultimatum gestellt hat, aus Angst, sonst gar keinen Partner mehr zu finden u. ä. m.

Beispiele: A. und D. lernen sich mit 21 kennen, die Eltern billigen und fördern die Beziehung, da D. sehr arbeitsam, tüchtig und ehrgeizig ist und außerdem »ein Abbild meines Vaters«. Die Beziehung ist jedoch eher lauwarm, man hat wenige gemeinsame Interessen und langweilt sich zusammen. Das führt zur Trennung. Doch ein Jahr später entsteht wieder brieflicher Kontakt, der zu einem Wiedersehen und schnell zu einer Heirat führt. »Wir haben dann irgendwie gefunden, daß wir doch ganz gut zusammenpassen, vielleicht gibt es niemand besseren.«

I. und P. lernen sich am Arbeitsplatz kennen. Nach einem Jahr ziehen sie zusammen, nach einem weiteren Jahr beginnt die Mutter des Mannes, auf eine Heirat zu drängen.

> Sie hat zu mir gesagt: ›Jetzt wär's aber Zeit‹, und: ›Ich werd' mit dem P. reden.‹ Sie fand, daß der P. bei mir gut versorgt ist, daß es ihm bei mir gut geht. Er hat einmal gesagt: ›Ich find' das gut, daß eine Frau mich so liebt wie du.‹ Aber eigentlich war es ziemlich einseitig, daran ist es dann auch kaputtgegangen.

E. lernt T. in einer Krisensituation kennen. Sie hat sich scheiden lassen und das Kind, das in der Scheidungsphase noch entstanden war, abtreiben lassen. Sie klammert sich an die neue Beziehung und will schnell wieder schwanger werden. Auf Warnungen ihrer Umgebung hört sie nicht, erst nach einigen Monaten kommt sie dahinter, daß ihr neuer Freund mehrfach vorbestraft ist und auch neue Strafverfahren bevorstehen. »Der Bewährungshelfer hat dann gemeint, es sähe besser für ihn aus, wenn er mich, die schwangere Freundin, nun auch heiraten würde.« In der Folgezeit ging T. keiner Arbeit nach, beteiligte sich nicht am Familienleben, hatte Freundinnen und für E. stellte sich bald das Fazit, daß er »mich nur benutzt hat«.

H. hat seit ihrer Jugend stets Freunde, die für ihren konservativen, ablehnenden Vater »wie Peitschenhiebe« sind. Sie heiratet den letzten dieser Freunde, weil »das für meinen Vater das Ärgste war, bei seinem Ausländerhaß, daß ich mit einem Inder daherkomme«.

Dieser individuelle Subtext der Partnerwahl ist den Betroffenen manchmal von Beginn an bewußt, manchmal wird er erst reflektiert, wenn es in der Beziehung zur Krise kommt. In jedem Fall ist er anfangs vermischt mit dem Gefühl der Liebe und mit romantischen Zusatzinterpretationen: man kann den Partner retten, man kann durch den ausländischen Partner nicht nur den Vater ärgern, sondern gleichzeitig Anschluß erhalten an eine wärmere, innigere Kultur, daß die Schwiegermutter den Sohn zur Ehe überredet, zeigt nur, daß Außenstehende in ihnen die idealen Ehepartner erkennen usw.

Es ist ferner sehr auffällig, daß viele Ehen *als Antwort auf eine Beziehungskrise* eingegangen werden. Die Ehe stellt den Versuch dar, einer bereits schlecht und krisenreich verlaufenden Beziehung durch diesen dezidierten Schritt – sozusagen durch die Flucht nach vorn – noch eine Wende zu geben. Von den Betroffenen wird das deutlich gemacht durch Formulierungen wie: »Jetzt oder nie.«, »Die Ehe sollte ein letzter Anlauf sein, ob's nicht doch noch klappt.« Oder gar:

> Eigentlich wollten wir uns trennen, doch dann wurde meine Freundin schwanger und da haben wir uns gedacht, hopp oder tropp, machen wir es halt einmal ganz, vielleicht hält's dann.

Die Ehe stellt sich in dieser Sicht als Rettungsversuch für eine krisenhafte Beziehung dar; ohne zusätzliche Schritte wie Beratung oder pragmatisches Angehen anstehender Probleme soll sie verändernd und verbessernd wirken. Oft ist die dahinterstehende, unausgesprochene Tauschabsicht geschlechtsspezifisch: die Frau erwartet sich z. B., daß der Mann durch die Heirat ein volles Bekenntnis zu dieser Beziehung ablegt, der Mann hofft, die Frau mit der Ehe zufriedenzustellen und ihrer darüberhinausreichenden Kritik zu entgehen. Das heißt, daß die Ehe unausgesprochenermaßen nicht bloß als formaler Akt, sondern als Ereignis mit eigener, teils sogar magischer Wirkungskraft gesehen wird. Die Ehe soll etwas bewirken, soll einen Zustand herbeiführen. Was vorher nicht funktionierte, soll danach plötzlich gehen.

Ein damit verwandtes Denken läßt sich bei vielen jungen Paaren konstatieren, die davon ausgehen, keine konkreten Vorstellungen über das Zusammenleben entwickeln zu müssen, weil »die

Ehe« sie ohnehin vorgeben wird. Sie begeben sich »in die Ehe« in der Vorstellung, daß danach alles automatisch seinen richtigen Weg gehen wird. Man erwartet von der Institution »Ehe«, daß dort wie etwa in der Institution »Schule« oder der Institution »Arbeitsplatz« irgendwelche inhärenten Strukturen einem den Weg vorgeben werden. Wenn sie es dann nicht tut, klammern sich diese Paare mitunter an die Inhaltsbruchstücke, die ihnen von der Außenwelt zugetragen werden – und diese sind meist sehr traditionell oder sehr abstrakt. Sie bestehen aus Vorgaben, wie »Ein Ehepaar soll alles gemeinsam machen.«, »Eine gute Ehefrau versorgt den Mann zu Hause.«, »In der Ehe schafft man sich gemeinsam etwas an.« u. dgl. m.

Solche floskelhaften Verhaltenshinweise können die Krise zwischen den Partnern noch vertiefen, eine Situation, die von manchen Beratern als »Himmelfahrtskommando« beschrieben wird. Die Ehe kann dann optisch dargestellt werden durch gemeinsame Anschaffungen oder durch traditionelle Arbeitsteilungen oder durch Verhaltensnormen, die den beiden nicht wirklich entsprechen (z. B. die jeweiligen Freunde werden auf Biegen und Brechen zu einem gemeinsamen Freundeskreis zusammengeschmiedet, der eine muß sich am Hobby des anderen beteiligen, usw.).

Maßnahmen: Die Thematik des Zusammenlebens, Hinweise für den Umgang mit typischen Problemen miteingeschlossen, müßte rechtzeitig und realistisch vermittelt werden. Es besteht offensichtlich ein Vakuum an diesbezüglichen Vorstellungen und Fertigkeiten. Wie bringt man in einer Partnerschaft unterschiedliche Vorstellungen miteinander in Einklang? Wie handelt man Kompromisse aus? Welchen Lebensplan sehe ich für mich selbst, und wie vereinbare ich die unterschiedlichen Bereiche Arbeit, Kinder, Partnerschaft miteinander? Wie könnte eine faire Arbeitsteilung aussehen? Wie erkennt man die eigene Affektlage und wie geht man mit ihr um? Solche Fragen müßten lebensvorbereitend aufgegriffen werden, denkbar wäre ein Fach »Zusammenleben lernen« im Schulunterricht.

Zweite Phase: Begründung des Zusammenlebens, Gründung einer Familie

Typische Problemkonstellation: Die Bereitschaft der Partner, ihr Verhalten und ihre Zeitgestaltung partner- und familiengerecht zu verändern, verläuft ungleichmäßig. Je nachdem, von welchen Erwartungen der jeweils andere ausgeht und wie geduldig er oder sie ist, kommt es zu unterschiedlichen Zeitpunkten darüber zum Konflikt. Für viele Frauen ist die Geburt von Kindern ein Wendepunkt, ab dem sie sich vom Partner ein »familiengerechtes« Verhalten erwarten.

Einigkeit darüber, worin ein ehe- und familiengerechtes Verhalten überhaupt besteht, kann auch nicht vorausgesetzt werden. Auch junge Männer richten an eine Ehefrau nicht selten antiquierte Erwartungen, die von dieser zu recht als Kontrollverhalten aufgefaßt werden (Aufgabe des eigenen Freundeskreises, allabendliche Anwesenheit auch bei Abwesenheit des Mannes usw.). Je nach Persönlichkeit, wahrgenommenem Abhängigkeitsgrad, erlebten Vorbildern in der Stammfamilie und anderen biografischen Variablen nehmen Frauen solche Erwartungen hin oder nicht.

Ein Beispiel:

> Da er sich das Kind so gewünscht hatte, und mich schließlich dazu überreden konnte, habe ich voll darauf vertraut, daß er seinen Anteil übernimmt. Aber das war dann überhaupt nicht so, ich sollte alles ganz alleine machen. Er hat gemeint, wenn das Kind älter ist, wird er zuständig sein. Ich wollte nicht mit ihm herumstreiten, ich hab' es immer wieder angesprochen, aber er hat nicht reagiert. Als unsere Tochter zweieinhalb war, habe ich ihn gebeten, aus der Wohnung auszuziehen, und das hat er auch getan.

Maßnahmen: Auch viele dieser Probleme ließen sich reduzieren durch präventive Bildungs- und Aufklärungsmaßnahmen wie oben beschrieben. Es wäre sinnvoll, die jeweiligen Vorstellungen rechtzeitig abzuklären. Darüber hinaus wären zeitgerechte Verhaltensvorlagen erforderlich. Für Männer wäre eine Vorbereitung auf Partner- und Vaterschaft besonders wichtig. Viele haben authentisch keine Vorstellung davon, wie sie sich genau in die Familie einbringen sollen. Grundsteine könnten im Unterrichtsfach »Zusammenleben lernen« gelegt werden. Sie ließen sich vertiefen, indem punktuelle Informationen angeboten würden. Sie ließen sich stützen durch Kampagnen, die eine Inanspruchnahme des Erziehungsurlaubes durch Väter gezielt fördern.

Dritte Phase: Die Beziehung verschlechtert sich

Typische Problemkonstellation: Durch Veränderung in den Lebensumständen werden die Schwachstellen, die von Anfang an in der Beziehung vorhanden waren, nunmehr manifest. Diese veränderten Lebensumstände sind meist: Geburt von Kindern, berufliche Veränderungen, persönliche Krise wie Krankheit. Es fehlt dann die partnerschaftliche Basis oder beid- oder einseitig der Wille, sich auf diese Veränderung kooperativ einzustellen.

Manchmal drückt sich dieses Scheitern in einem dramatischen, zentralen Ereignis aus, das jedoch nur der symbolische Endpunkt ist: das Ereignis macht es unmöglich, weiterhin die Tatsachen zu verleugnen oder weiterhin zu hoffen. Zu diesen Ereignissen gehören: Untreue bzw. heimliche Untreue oder erneute Untreue nach einer vorangegangenen diesbezüglichen Krise; eine Abtreibung, die von einem Partner gegen den Wunsch des anderen forciert wird; ein Im-Stich-Lassen der Frau während der Schwangerschaft oder während oder nach der Geburt; ein Gewaltvorfall.

In den Darstellungen der Betroffenen wird dieser Zeitabschnitt oft gar nicht wahrgenommen. Erst rückblickend ist ersichtlich, was sich während dieser Phase zugetragen hat. Manchmal macht sich bei einem der Partner ein Gefühl des Mißtrauens oder Unbehagens breit, der andere aber streitet alles ab. Manchmal definiert einer der Partner diese Phase als Sondersituation und erwartet vom anderen, sie einfach durchzustehen – er meint z. B., daß er sich aus einer außerehelichen Beziehung »noch« nicht lösen kann, dies aber zu einem späteren Zeitpunkt tun wird. Sehr oft wehrt sich einer der Partner gegen eine Veränderung in der Situation des anderen, die eigentlich – objektiv betrachtet – weder gegen ihn gerichtet noch negativ für die Beziehung ist. Das ist z. B. dann der Fall, wenn eine jüngere Frau, die einen älteren Mann geheiratet hat, allmählich »erwachsen wird« und zu größerer Selbständigkeit strebt. In ihren Augen bedeutet das nur eine Änderung der Spielregeln, nicht eine Gefährdung des Zusammenlebens, doch der Mann fühlt sich in Frage gestellt und blockiert.

Eine lange Krisenphase bedeutet meist, daß der Trennungswunsch ungleichmäßig vorhanden ist bzw. daß er überhaupt nur von einem der Ehepartner ausgeht, während der andere unbedingt noch an der Beziehung festhalten möchte. Obwohl es unzählige individuelle Variationen gibt, kann doch generalisierend gesagt werden, daß diese Phase besonders belastend ist und, je länger ihre Dauer, umso kostspieliger für das Wohlbefinden der Beteiligten ist. Die Beteiligten stellen es als Phase der Unklarheit dar, doch aus ihren Formulierungen ist ersichtlich, daß es sich in den meisten Fällen nicht wirklich um Unklarheit handelt, sondern eher um Ablösungsprobleme. Rückblickend sagen sie: »Ich wollte es nicht wahrhaben.«, oder: »Ich habe immer noch gehofft.« In Wirklichkeit aber hatte der andere Partner innerlich längst mit der Beziehung abgeschlossen. Charakteristisch für diese Situation ist ein anfängliches sehr großzügiges Scheidungsangebot in Bezug auf Finanzen, Sorgerecht, Besuchsrecht usw., das dann mit der Zeit immer weiter zurückgenommen wird, weil beim einen Partner die Schuldgefühle abnehmen, während beim anderen Partner die Wut und die Verzweiflung wachsen.

Maßnahmen: Für diese Phase ist in Form von Beratungsangeboten relativ gut vorgesorgt. Ironischerweise stehen Paare, bei denen der Trennungswunsch gleichmäßiger vorhanden ist und denen es daher eigentlich leichter fallen sollte, bei der eigentlichen Scheidung dann schlechter da. Ihr typisches Problem: in ihrer Hast, auseinanderzukommen, überdenken die Betroffenen oder einer von ihnen die Folgen nicht genügend. Die »einvernehmliche« Scheidung ist dann unter Umständen das Produkt von Unwissen, Druck oder einem psychischen Ausnahmezustand. Um hier gegenzusteuern, sollte es eine verpflichtende Rechtsinformation geben, in der die Betroffenen über die Konsequenzen ihres Entwurfs aufgeklärt werden. Die Berater sollten dahingehend geschult sein, daß sie eine mögliche Drucksituation identifizieren können.

Vierte Phase: Die Nachscheidungssituation

Im Idealfall findet nach der Scheidung eine individuelle Reflexion darüber statt, welche Fehler gemacht wurden. Manche Betroffenen beschreiben diese Zeit als Phase der Selbsterkenntnis, in der viel Ballast aus dem bisherigen Leben – bis zurück in die eigene Kindheit – aufgearbeitet wird, oft mit der Unterstützung von Fachleuten in einer Beratung oder gemeinsam mit anderen Betroffenen in einer Gruppe.

Gleichzeitig kann die Nachscheidungsphase sehr lang und von emotionalen und anderen Belastungen gekennzeichnet sein.

Aus einer Analyse von Abläufen der Nachscheidungszeit können *Faktoren* identifiziert werden, *die einer konstruktiven Verarbeitung der Scheidung förderlich sind.*

Persönlichkeit. Dieser Faktor ist nicht steuerbar und sei nur der Vollständigkeit halber erwähnt. Menschen mit einem stabileren

Gefühlshaushalt und einer optimistischen, vorwärtsschauenden Grundeinstellung gehen mit Problemen insgesamt leichter um.

Neue Beziehung. Eine Scheidung wird mit geringeren Animositäten vollzogen, wenn beide Partner eine neue Beziehung eingegangen sind. Es sind keine Rückschlüsse auf das Lebensglück insgesamt zu ziehen, denn diese neue Beziehung kann durchaus eine schlechte, voreilig eingegangene Beziehung sein, die bald scheitert. Dennoch sind negative Gefühle dem alten Partner gegenüber reduziert, wenn man bereits einen neuen hat. Auch die Situation, daß beide Partner die Beziehung beenden wollen und beide keine neue Beziehung haben, ist vom emotionalen Aspekt her vergleichsweise günstig. Die ungünstigste Konstellation ist dann gegeben, wenn ein Partner die Beziehung viel eher beenden wollte als der andere, weil er bereits eine neue Beziehung eingegangen ist, gefolgt von der Konstellation, daß er/sie sehr bald nach Äußern des Trennungswunsches einen neuen Partner gefunden hat. Dieser kann dann zwar nicht als »Scheidungsgrund« betrachtet werden, jedoch ist es für den anderen Part sehr kränkend, wie schnell er oder sie »ersetzt« werden konnte.

Berufstätigkeit. Eine kontinuierliche Berufstätigkeit leistet einen wesentlichen Beitrag zur positiven Befindlichkeit während und nach einer Scheidung. Hierfür sind mehrere Gründe zu nennen: Der Beruf kann einen intakten Lebensbereich darstellen, der Zuflucht bietet, wenn das Privatleben schwierig ist; er bietet Sozialkontakte, die unabhängig sind von der Ehe und dem Ehepartner; er reduziert das Gefühl der Abhängigkeit und der Angst, wie man das Leben fortan bewältigen soll; und er wirkt strukturgebend, wenngleich das von den Betroffenen mitunter negativ erlebt wird: man muß jeden Tag aufstehen und irgendwo hingehen, während man sich lieber in depressiver Apathie ergehen würde. Darüber hinaus fallen für kontinuierlich Berufstätige (vor allem Frauen) auch einige der unangenehmsten Folgen der Scheidung weg. Man muß nicht unter erschwerten Bedingungen und unfreiwillig einen Job suchen, nachdem man sich eigentlich auf das Leben als Hausfrau und Mutter eingestellt hatte. Berufliche Einbußen, die man im Interesse der Ehe und der Familie in Kauf genommen hat, rächen sich nun auch bei kontinuierlich berufstätigen Frauen, aber wenigstens nicht ganz so krass wie bei Hausfrauen.

Diesen Faktoren ist eines gemeinsam: die Scheidung wird leichter verarbeitet, wenn der oder die Betroffene ein alternatives Lebenskonzept hat, wenn er oder sie sich ein positives Leben nach der Scheidung vorstellen kann, und wenn sich irgendeine biografisch und psychisch positive Interpretation für die gemeinsamen Jahre finden läßt.

Faktoren wie die finanzielle Situation, die Wohnverhältnisse, die eigene Erziehung, das Ausmaß der Enttäuschung und Kränkung über Erlebnisse während der Ehe, das Verhältnis zu Eltern und Schwiegereltern, die Existenz von Freunden und Kollegen, das Alter der Kinder usw. spielen eine Rolle. Es gibt Frauen mit kleinen Kindern, die angesichts der Scheidung verzweifeln und nicht sehen, wie sie diese Aufgabe allein bewältigen sollen. Andere Frauen in dieser Situation erleben es als positiv, daß sie in den Kindern einen Rest der Familie und damit eine fortgesetzte Quelle von Emotionalität und Lebenssinn beibehalten.

Maßnahmen: Auch hier wären Handlungshilfen unbedingt erforderlich. Das Gefühl des fehlenden Abschlusses ist verbreitet und verdient es, ernst genommen zu werden. Da Scheidung kein Ausnahmeschicksal mehr ist, sondern selbst schon als »Institution« betrachtet werden kann, wird es erforderlich sein, so etwas wie einen Verhaltenskodex und Vorgaben für den Umgang mit diesem sozialen Ereignis auszuarbeiten. Es wäre z. B. zu überlegen, ein verpflichtendes Vor- und Nachgespräch auch bei einer einvernehmlichen Scheidung zu verlangen, in dessen Zug die Betroffenen auf typische Fallstricke und auf Hilfs- und

Beratungsangebote aufmerksam gemacht werden. Die Reduzierung des negativen Affekts mit allen schädlichen Begleiterscheinungen ist dabei in jedem Fall ein Ziel.

Eheberatung ist meist so konzipiert, daß die Betroffenen entweder ihre Probleme bewältigen und zusammen leben können oder daß nur mehr ein Partner beraten wird und Hilfe dabei erhält, sein Leben neu zu gestalten. Als dritte Variante wäre denkbar, daß die Trennungsphase beratend begleitet wird, um den Beteiligten dabei zu helfen, ihre Gefühle des Ressentiments, der Kränkung, der Ablehnung usw. verarbeiten und halbwegs friedlich miteinander abschließen zu können. Unverarbeitete Kränkungen – wie z. B. daß der ehemalige Partner einem auf der Straße entgegenkommt und einen nicht grüßt, daß er sich bei einer zufälligen gemeinsamen Einladung nicht neben einen setzen will, Sätze, in denen die gesamte gemeinsame Zeit vernichtend abgeurteilt wird (»Mit dir war ich nie glücklich.«) u. ä. stellen eine bedeutende subjektive Schädigung dar. Nachwirkende Ressentiments sind besonders dort fatal, wo eine gemeinsame Elternschaft ausgeübt werden soll. Mitunter empfindet der Partner Bedauern über Fehler, die er in der Partnerschaft gemacht hat. Wo dieses zum Ausdruck gebracht wird, ist es leichter für die sich als »geschädigt« erlebende Partei, ihre Ressentiments abzulegen und einen neuen Modus der Beziehung zu finden. Was war gut an der gemeinsamen Zeit, was würde man ein nächstes Mal anders machen, was bedauert man, was ist an positiven Chancen noch zu retten und welche Perspektiven gibt es – viele Leute stellen sich diese Fragen allein, sie betreffen jedoch die gemeinsame Zeit und, dort wo Kinder vorhanden sind, auch die Zukunft.

Kapitel 9

Das Besuchsrecht –
Wie Sie den Kontakt mit dem Ex für sich und
Ihre Kinder am besten hinkriegen

Zur Überschrift wollen wir gleich einmal eines sagen: die modische Annahme, daß nach einer Scheidung zwischen den Interessen Ihrer Kinder und Ihren eigenen Interessen fast notgedrungen ein Widerspruch besteht, daß Sie sich heldenhaft im Interesse der Kinder zu irgendwelchen Taten und Handlungen gegenüber Ihrem Ex hinreißen lassen müssen, die Ihnen zuwider sind, halten wir für einen verhängnisvollen Gedankengang. Tendenziell stimmt eher das Gegenteil: Ihren Kindern geht es so gut oder so schlecht, wie es Ihnen geht. Allerdings hat die Sache einen Haken: es geht dabei um ihr tatsächliches Wohlbefinden und nicht darum, was sie aus irgendeiner verirrten Laune heraus, vorübergehend für Ihr Wohlbefinden halten. Und wenn man sich in der Gewalt einer verirrten Laune befindet, kann es schwer sein, den Unterschied zu erkennen.

Der moderne Volksmund weiß genau, was Geschiedene zu tun haben. Es ist sehr interessant und höchst aufschlußreich, daß alle Gebote und Aufrufe und Platitüden sich an Frauen, das belehrbare Geschlecht, richten.

– SIE soll vergangenes Unrecht, vergangenen Zorn vergessen und nun nur noch eine gemeinsame Elternschaft anstreben.

– SIE soll ihren Kindern den Vater erhalten, ihm den Kontakt zu den Kindern erleichtern. Wenn er den Unterhalt nicht zahlt, soll sie ihre Wut darüber nicht an das Besuchsrecht knüpfen, das ja etwas völlig anderes ist.

– SIE soll den Übergang von einer (gescheiterten) Partnerschaft zu einer konstruktiven gemeinsamen Elternschaft hinkriegen.

Was in der Ehe galt, und auch dort nicht funktionierte, wird nun fortgesetzt: die Frau soll, ganz allein oder zumindest maßgeblich, für die Güte der Beziehung sorgen – in diesem Fall sogar noch für die Güte der Nachscheidungsbeziehung. Nirgends wird an Männer appelliert, sie werden nirgendwo aufgeklärt, ermahnt. Das mag unfair sein oder auch nicht; in erster Linie ist dazu kritisch anzumerken, daß es so nicht funktioniert. Uns sind zahlreiche Männer begegnet, die unter einer konflikthaften Nachscheidungszeit sehr leiden. Sie erleben das Verhalten ihrer Ex als abwehrend, aggressiv, feindselig, vorwurfsvoll und blokkierend. Die Atmosphäre ist vergiftet, und das wirkt sich fatal aus, egal ob Vater-Kind-Kontakte regelmäßig, sogar häufig, stattfinden oder nicht.

Gemäß ihrem üblichen Denken erkennen Männer hier ein Problem – nach der Scheidung besteht die Feindschaft mit ihrer Partnerin fort, und diese Feindschaft beeinträchtigt oder ruiniert den Vater-Kind-Kontakt – und schlagen eine sehr lineare Lösung vor. Auf dem Rechtsweg soll eine Balance hergestellt werden, ihre Rechte als Väter müssen verteidigt werden, das gemeinsame Sorgerecht soll her!

Dieser Rechtsweg wäre ein Holzweg, weil er die Ursache überhaupt nicht berührt. Die Ursache des Problems ist unaufgearbeiteter Schutt aus der Beziehungszeit. Die Frau macht den Fehler, in diesem Schutt ständig herumzuwühlen. Doch auch der Mann macht einen Fehler: er spaziert ständig an diesem Schutthaufen vorbei, als ob er mit ihm nichts zu tun hätte. Zumindest seinen Anteil muß er wegschaufeln, wenn es unbeschwert weitergehen soll.

So wie es Frauenzeitschriften und eine »Frauenkultur« gibt, die Frauen dazu bringt, sich ständig und dauernd in Frage zu stellen und unaufhaltsam nach eigenen Schuldanteilen zu suchen, so müßte es ein männliches Äquivalent geben. Männer müßten in die Lage versetzt werden, ernsthaft darüber nachzudenken, *warum* die Mutter ihrer Kinder eine solche Wut auf sie hat; wie ihr Leben mit den Kindern aussieht und wie sie es ihr erleichtern könnten.

Ein Paar, das sich trennt, muß versuchen, authentisch auf Null zu kommen. Altmodische Dinge wie eine Entschuldigung, ein Schuldeingeständnis, ein Ausdruck von Bedauern und ein Versuch, unrechte Dinge gutzumachen, können sehr viel dazu beitragen, daß die Stimmung unbelasteter wird. Männer sagten uns Dinge wie:

> Ich hab' meine Frau die ganzen Jahre nicht ernstgenommen. Ich wußte, sie kann sich schlecht durchsetzen, und ich hab' das mitunter ausgenützt. Das war sicher nicht richtig.

Sie sagen:

> Ich hatte ein Verhältnis mit der Nachbarin, einer Frau, die meine Frau nicht leiden konnte. Meine Frau schöpfte Verdacht, doch ich stritt alles ab. Als sie dann erfuhr, daß sie recht gehabt hatte, fühlte sie sich sehr belogen.

Auf der Grundlage dieser Einsichten könnten diese Männer sich ja erklären, woher die »unbegreifliche«, »irrationale« Wut ihrer Exehefrau vielleicht herrührt.

Der objektive Rechtsstandpunkt hat mit den tatsächlichen Gefühlen wirklicher Menschen, um die es in einer Familie aber geht, mitunter nicht sehr viel zu tun. Sicher hat der Mann nach seiner Scheidung »das Recht«, mit der Freundin, dem »Scheidungsgrund«, auf die Malediven zu fahren. Er »muß« seine Ferien nicht statt dessen mit seinen Kindern verbringen. Es verstößt auch gegen kein Gesetz, wenn er nun plötzlich meint, sich dies finanziell leisten zu können, während die Exfrau jahrelang um einen exotischen Urlaub gebettelt hatte und stets mit dem Finanzargument (viel zu teuer) abgespeist wurde. Auch vor Gericht würde die Exfrau, jammerte sie über diesen Maledivenaufenthalt ihres Expartners, keine Punkte sammeln; sie würde lediglich den Eindruck einer mißgünstigen, schrillen Person hinterlassen. Und dennoch: es wäre nicht menschlich, wenn sie sich darüber nicht sehr ärgern würde.

Wenn sie für die Kinder etwas braucht, hat er nie Geld. Jeder Pfennig Unterhalt muß gegen heftigsten Widerstand aus ihm herausgepreßt werden. Ihm geht es jetzt toll, er führt ein Jet-set-Leben, und sie plagt sich mit dem Kinderalltag ab. Er kann einfach sagen, daß er die Kinder im Urlaub nicht nimmt, sie kann das nicht; sie muß einfach immer da sein für die Kinder.

Das alles ist sehr ungerecht, egal, was der Gesetzgeber oder sogar der Therapeut dazu sagen mag. Und auf der Basis einer tiefen Ungerechtigkeit wird kein dauerhafter Frieden entstehen. Der Stärkere mag sich durchsetzen, doch die Situation ist nicht stabil.

Am Beispiel der Familie G. können wir sehr genau verfolgen, wie eine Besuchsvaterschaft scheiterte.

Frau G. lernte ihren Mann mit 20 kennen. Er war bereits 40 und war ihr Lehrer in der Abendschule. Sie fühlte sich präzise von seiner Reife angezogen; er wirkte »gefestigt«. Ganz besonders schätzte sie sein wohlwollendes Interesse an ihr, an ihrer persönlichen Entwicklung, ihren Ideen, ihren Studienplänen. Er verhielt sich fördernd und »väterlich«.

Herr G. war zu diesem Zeitpunkt bereits geschieden. Aus dieser Ehe und aus einer nachfolgenden Beziehung hatte er jeweils ein Kind. Zu diesen Kindern bestand kaum Kontakt. Später sollte Frau G. erkennen, daß sich darin schon ein bedenkliches Muster zeigte, doch damals war es ihr recht. Ihre junge Beziehung war damit unbelastet durch andere Verantwortungen und sie erklärte es sich so, daß er vor ihr eben noch nie richtig geliebt hatte.

Relativ rasch wird Frau G. schwanger. Sie arbeitet als Übersetzerin anspruchsvoller literarischer Texte, eine Arbeit, die sie auch zu Hause leisten kann. Herr G. ist nach wie vor unterstützend, er bespricht die Texte mit ihr und ermöglicht ihr den Besuch von Fortbildungen.

In den folgenden Jahren werden 2 weitere Kinder geboren. Während der zweiten Schwangerschaft kommt es zur ersten Krise: Herr G. hat ein Verhältnis mit einem Lehrmädchen in seiner Firma, deren Eltern machen ein großes Drama und er wird fast entlassen.

Das Ehepaar versöhnt sich, aber Frau G. ist mißtrauisch geworden. Während der dritten Schwangerschaft hat er erneut eine Geliebte. Frau G. ist sehr verzweifelt. Ihre Berater, vor allem die Pfarrerin ihrer Kirche, empfehlen Langmut unter dem Motto: »Drei Kindern muß man den Vater erhalten.«

War er bei der letzten Affäre reumütig, ist Herr G. diesmal aggressiv. Er macht seine Frau vor den Kindern nieder, er verheimlicht die Freundin nicht, sondern sagt Sätze wie: »Jetzt habe ich endlich eine richtige Frau, einen netten Menschen kennengelernt.« Frau G. findet die Situation unerträglich und beschließt, sich scheiden zu lassen. Sie besucht einen Anwalt. Als der Brief dieses Anwalts eintrifft und Herr G. ihn beim Frühstück liest, rastet er aus. Vor den Kindern sagt er:

> Du weißt, daß ich zu rigorosen Handlungen fähig bin. Du weißt, daß du gegen mich nicht gewinnen kannst. Ich nehm' dir die Kinder weg, darauf kannst du dich verlassen.«

Frau G. bekommt tatsächlich Angst und flüchtet zu einer befreundeten Familie, die sie aus ihrer Arbeit in der Pfarre kennt. Sie verschanzt sich im Gartenhaus dieser Familie, doch irgendwelche bedrohlichen Ereignisse bleiben aus. Herr G. läßt sich nicht blicken. Laut Frau G. fällt »allen Leuten« auf, daß auch die Kinder nie nach ihm fragen. Gegen Ende des Jahres »kam dann, was ich befürchtet hatte« – das Besuchsrecht. Erläuternd fügt Frau G. sofort hinzu, daß ihr Mann dieses Besuchsrecht bestimmt nicht aus Sehnsucht beantragt hat, sondern nur, um sie zu ärgern. Außerdem hätte er wohl gedacht, er »muß was bekommen für sein Geld«.

Die Regelung sah vor, daß Herr G. alle 14 Tage von 12 bis 6

seine mittlerweile drei Kinder sehen konnte. Anfangs hat Frau
G. zu diesen Anlässen

> Kuchen gebacken, man saß zusammen da. Wenn er mit den grö-
> ßeren Kindern einen Spaziergang machte, hat er ihnen von seiner
> Freundin erzählt, der Nana. Manchmal gingen wir alle zusammen
> in ein Restaurant, doch das war für mich ein Streß. Es war wie vor
> der Scheidung, die Kinder mußten brav sein und alles mußte
> klappen und wenn nicht, dann war es meine Schuld. Während
> dieser Phase habe ich mir Mühe gegeben, mich zurückzuhalten
> und ihn nicht zu verteufeln.

Als sich erwies, daß die gespielte Gemeinsamkeit nichts brachte,
wollte Herr G. die Kinder am Besuchstag zu sich nehmen. Frau
G. war dagegen. Wohl hatte er sich inzwischen von Nana getrennt, doch es gab bereits eine neue Freundin. Frau G. fand die
häusliche Situation ihres Mannes »nicht stabil« und daher für
die Kinder schlecht. Auch die Kinder, erzählt sie, wollten nicht
mit ihm gehen, wofür sie etliche Gründe anführt. Er wollte z. B.
meist ein kulturelles Programm mit ihnen machen, das sie über-
forderte. Es kam zu Szenen bei der Abholung, weil die Kinder
sich weigerten mitzugehen. Noch heute zeigen ihr die Kinder
manchmal: »Da an dem Eck haben wir uns an das Halteschild
geklammert, als er uns mitziehen wollte.« Manchmal hat sich
ein Kind versteckt, als es abgeholt werden sollte, oder sie sind
ein paar Häuserblocks mitgegangen und dann »zurückgelaufen
zu mir«. Oft mußte Herr G. mit nur einem einzigen Kind, dem
Jüngsten, vorlieb nehmen.

Frau G. kommentiert diese Ereignisse dahingehend, daß er »mir
gegenüber aggressiv war und die Kinder daher nicht mit ihm
gehen wollten«. Er war voller Haß ihr gegenüber und sagte das
auch den Kindern. Sie riet ihm, es nicht so offen zu zeigen, weil
die Kinder dann Angst bekämen vor ihm. Er sagte darauf: »Ich
hasse dich nicht, das Wort Haß ist noch zu positiv für das, was
ich für dich empfinde.« Ferner machte er den Fehler, nicht dorthin zu gehen, wohin die Kinder wollten, sondern rigoros seine eigenen Pläne durchzuziehen. Er hat sich nie mit ihr abgespro-
chen darüber, was er mit den Kindern unternehmen soll. Oft

verweigerte er auch die Auskunft darüber, wohin er mit ihnen geht. Er sagte dann: »Mit dir treffe ich keine Vereinbarungen.«

Weiter berichtet Frau G., daß er versucht habe, sie finanziell zu bestrafen und seinen Unmut permanent zu zeigen. Z. B. habe er den Unterhalt nie freiwillig gezahlt, sondern sich immer vom Jugendamt mahnen lassen.

Die Probleme gipfelten schließlich in einer weiteren Szene. Es war Neuschnee, die Kinder wollten Schlitten fahren. Herr G. aber hatte einen Theaterbesuch geplant. Er schimpfte mit seiner Frau darüber, daß sie die Kinder nicht präpariert hatte, seiner Unternehmung zu folgen. Schließlich sprang er zornig in sein Auto und brauste so abrupt davon, daß er die Kinder mit Schnee bespritzte.

Nach dieser Szene sagte er von sich aus, er werde nun eine Weile nicht mehr kommen. Einige Monate danach verschwand er gänzlich. Seither sind 2 Jahre vergangen und Frau G. hat nichts mehr von ihm gehört. Einem Gerücht zufolge ist er nach Skandinavien ausgewandert.

Frau G. beurteilt ihre heutige Lage als gut. Ein Vater, der die Kinder besucht, wäre, wie sie meint, schon nützlich. Sie hätte dann manchmal auch einen Tag für sich allein, oder man könnte die Kinder »aufteilen«, denn es ist am Wochenende sehr schwer, bei dem großen Altersunterschied, eine Aktivität zu finden, die allen dreien Spaß macht. Davon abgesehen fühlt Frau G. sich »seit der Trennung so gut wie in all den vorangegangenen Jahren nicht«. Sie sieht heute, daß sie vor dem viel älteren, von seinem Habitus her sehr gewichtigen Mann viel zu viel Angst hatte. Während sie sich damals sehr an ihn klammerte und anderen Menschen gegenüber ein Gefühl der Minderwertigkeit empfand, haben die Reaktionen der Umwelt seit der Scheidung sie sehr gestärkt. Die Kirchengemeinde und auch die anderen Waldorf-Eltern aus der Schule ihrer Kinder haben sie sehr gut aufgefangen, in diesen Zirkel ist sie fest eingebunden und erhält viel Ermutigung.

Heute sieht sie auch ihren Mann anders. Hat sie ihn damals als übergroße, dominierende Figur gesehen, erkennt sie heute, daß »sein Leben eine gewisse Tragik hat«. Sie hat keine Angst mehr vor ihm. Wenn er heute käme

> und ich hätte das Gefühl, es ist Einsicht da, er will es an den Kindern wieder gutmachen, dann wäre ich heute in der Lage, mit ihm gemeinsam zu überlegen, wie er den Weg zu ihnen findet.

Es ist leicht erkennbar, daß die sehr starken, unbewältigten gegenseitigen Gefühle der Ehepartner hier zum Scheitern der Besuchsvaterschaft und letztlich zur totalen Ausgliederung des Mannes aus der Familie führten. Die komplexen biografischen Hintergründe, die wir bei dieser Beziehungskonstellation vermuten können (junge Frau heiratet väterliche, dominante Person; Mann verläßt regelmäßig seine Partnerschaften, wenn die Frau schwanger wird usf.), wirken verschärfend. Daneben stehen die tiefen Kränkungen, die das Ehepaar sich zugefügt hat. Für die Frau war die zweifache Untreue des Mannes, jeweils während einer Schwangerschaft, sehr verletzend. Seine Attacken gegen sie, vor den Kindern, steigerten ihre Verbitterung noch weiter. Auch der Mann hat sichtlich starke Vorwürfe gegen seine Frau, die wir nicht kennen, da er verschwunden und somit nicht interviewbar ist. Sie gehen deutlich aus seinen emotional stark besetzten Äußerungen hervor (die Freundin ist »endlich ein netter Mensch«, mit seiner eigenen Frau kann er keine Vereinbarungen treffen, was er für sie empfindet ist noch ärger als Haß usw.). Diese Äußerungen wiederum garantieren, daß die Feindseligkeiten eskalieren und die Kinder miteinbeziehen.

Diese Miteinbeziehung der Kinder wird von Frau G. in mehrfacher Hinsicht angesprochen. Sie erkennt ganz richtig, daß ein Angriff auf die Mutter die Kinder beschädigt. Ein solcher Angriff ruft bei den Kindern meist eine von zwei Reaktionen hervor. Entweder er treibt sie näher zur Mutter, oder er bewirkt, daß sie sich am Angriff gegen die Mutter beteiligen. Beides ist für die psychische Stabilität des Kindes äußerst schädlich.

Was Frau G. nicht deutlich ausspricht, ist, daß das Scheitern der Besuchsbeziehung von ihr gewünscht war und aktiv betrieben wurde. Dies wird jedoch aus ihren eigenen Aussagen ersichtlich. Sie hat offensichtlich nichts getan, um den Kindern die Angst vor dem Vater zu nehmen, sondern hat sie im Gegenteil in der Ansicht bestärkt, daß er unberechenbar und für sie alle gefährlich sein könnte. Sie hat aus sich und den Kindern atmosphärisch eine kleine, harmonische, verfolgte Gruppe gemacht, in die ein großer, gefühlloser Bär in böser Absicht hineinpoltern will. Dieses Weltbild ist für die Kinder sicherlich nicht ideal. Ihre eindeutig negative Darstellung des Vaters wird irgendwann auch die Frage aufkommen lassen, wieso sie einen solchen Mann erst nach der Geburt von drei gemeinsamen Kindern verließ. Ihre subjektive Erklärung dafür basiert auf einem allmählichen persönlichen Entwicklungsprozeß, der mit der Trennung dann seinen erfolgreichen Abschluß fand. Auch diese Erklärung ist problematisch und kann für das Beziehungsbild der Kinder verhängnisvolle Bedeutung bekommen.

Ein ebenfalls nicht untypisches Beispiel für eine mit verheerenden Nebenwirkungen belastete Besuchsbeziehung bietet die Familie I.

Die Ehe von Herrn und Frau I. war von Anfang an von vielen Schwierigkeiten gekennzeichnet. Herr I., 47, Beamter, ist ein sehr eifersüchtiger, kontrollierender Mann mit einem problematischen Frauenbild – Frauen sind, wie er es offen darstellt, »Parasiten«, nicht dazu fähig, einen Mann wirklich zu lieben, sondern nur auf der Suche nach einer männlichen Verdienstquelle. Seiner jüngeren Frau hat er von Anfang an nachspioniert, in den unverfänglichsten Situationen wurde er mißtrauisch. Sie versuchte 5 Jahre lang, ihn zu einer Ehetherapie oder sonstigen Veränderung zu bewegen, und reichte dann die Scheidung ein. Das Kind war vier Jahre alt, es sollte den Vater alle zwei Wochen am Samstag und einmal im Monat für ein

ganzes Wochenende sehen. Die Schilderung der darauffolgenden Probleme durch Herrn I. ist in aller Ausführlichkeit beach-
tenswert:

Das Besuchsrecht hat bereits nach ein paar Monaten nicht mehr
funktioniert. Ich habe einen Gerichtsbrief bekommen, indem sie
Einspruch gegen die Dauer des Besuchs erhoben hat. Das Kind sei
noch zu klein, es komme aus dem Rhythmus, würde unruhig
schlafen usw. Es kam vor, daß ich zur Abholung kam und niemand war da. Dann bekam ich eine Vorladung fürs Jugendamt.
Die haben sich dort sehr eigenartig benommen, sind auch immer
wieder aus dem Zimmer gegangen, so daß ich das Gefühl bekam,
meine Frau wäre auch irgendwo dort zugegen.

Ich habe dann eine Dienstaufsichtsbeschwerde gemacht und bin
zur Amtsleiterin gegangen. Die war aber schon von meiner Frau
eingekocht worden. Die sind auf meine Argumente überhaupt
nicht eingegangen. Daß man die Nervosität des Kindes einfach
davon ableiten kann, daß ich es zweimal im Monat hole, das ist
noch unsinnig. Ich war dann so wütend und habe mit der Amtsleiterin diskutiert, bis die mich hinausgeworfen hat. Ich habe mich
dann beim Leiter des Amtes beschwert und die haben die Sache
der Jugendgerichtshilfe übertragen.

Das war eine komische Situation. Ich muß laut Bericht des Ju-
gendamtes bei Gericht als rabiat gegolten haben. Ich war Beamter
genug, um zu wissen, wie man ihnen Schwierigkeiten macht. Ich
habe bis zum Gerichtstermin genau gewußt, wer die einzelnen
Personen sind, die dort auftreten, daß der eine selbst einen Sohn
im Alter meines Sohnes hat. Ich bin dort, und das war ein Fehler,
in die Offensive gegangen. Ich habe damit angefangen, daß Sie ja
selbst einen Sohn haben und der heißt so und so, und was würden
Sie sagen, wenn Sie diese Probleme hätten. Die andere Frau dort,
die war mit einem Mann aus Nigerien verheiratet, geschieden und
hatte eine Tochter, das habe ich ihr auch gleich gesagt. Die haben
sich fürchterlich aufgeregt und haben bei uns angerufen im Amt,
woher ich ihre Daten habe. Ich habe diese formale Situation ganz
falsch eingeschätzt, war sicher auch sehr überdreht. Ich kann mich
erinnern, ich habe nächtelang nicht geschlafen und habe alles
mögliche unternommen, um die Leute, die bei der Verhandlung

mitwirken würden, auszuforschen. Ich mußte dann bei meinem Dienstgeber Rechenschaft ablegen, zum Glück hatte ich die Informationen nicht aus unserem Computer. Ich habe die Situation falsch eingeschätzt. Trotzdem ist meine Frau mit ihrem Antrag abgeblitzt, die Besuchszeit wurde nicht auf vier Stunden eingeschränkt, wie sie es wollte.

Doch dann hat sie ein erneutes Ansuchen gestellt. Es gab dann eine Begutachtung beim Gerichtspsychologen. Der hat ihr aber nicht recht gegeben. Dann ist sie nochmal gekommen. Es gab noch ein Gutachten. Sie ging dann noch in die zweite Instanz. Die Situation zwischen uns ist natürlich mit Verlauf des Verfahrens immer gespannter geworden, bei Gerichtsterminen ist sie teilweise in Tränen ausgebrochen und ist sich irrsinnig arm vorgekommen. Sie weiß ja, ich bin viel vifer und redegewandter als sie, dafür waren ihre Auftritte immer hochdramatisch. Wenn ich das Kind abgeholt habe, war da eine totale Schroffheit, sie hat kein Wort mit mir gewechselt.

Obwohl Herr I. sich als Sieger der Verhandlungen beschreibt, hat seine Frau tatsächlich eine Reduzierung der Besuche durchgesetzt. Er geht nie davon aus, daß sie irgendwelche ehrlichen Bedenken gehabt haben kann und glaubt auch nicht, daß es ihr bei den ganzen Verhandlungen authentisch schlecht gegangen ist. Beide Seiten befinden sich in einem Zustand starker Aufwühlung. Herr I. kann vor den Verhandlungen nicht schlafen und leistet einen sehr großen, wenn auch fehlgeleiteten Aufwand in der Vorbereitung auf die Verfahren. Er verliert die Beherrschung, wird aus Ämtern hinausgeschmissen, verursacht sich beruflichen Ärger und tritt »rabiat« auf.

Auch Frau I. ist von starken Emotionen bewegt. Das Kind erlebt einen mehrjährigen Verhandlungsweg, muß sich Gutachtern stellen und erlebt vor allem eine aufgewühlte Mutter und unversöhnliche Eltern, die sich bei der Übergabe nicht einmal grüßen. Es ist schwer zu erkennen, daß irgend jemand von dieser Situation profitiert, und auffallend, daß es niemals um die tieferen Ursachen geht. Interessant ist bei diesem Fall noch, daß

Herr I. sich erfreut zeigt, als seine Frau einen neuen Freund hat, diesen heiratet und mit ihm ein Kind bekommt. Dies scheint zunächst seinem ausgeprägten Hang zu Besitzansprüchen zu widersprechen. Es scheint dann aber so zu sein, daß die erneute Ehe seiner Frau auch von ihm als Schlußstrich und somit als Erleichterung empfunden wird.

Bei der Entwicklung eines Ausweges ist man versucht, auf altmodische Begriffe zurückzugreifen. Die Problematik ist jedoch eindeutig. Sie besteht darin, daß die einstigen Ehepartner sich manche Dinge nicht verzeihen können; daß sie sich übervorteilt, betrogen, ungerecht behandelt fühlen. Ihr Verhalten nach der Trennung strebt fortwährend ein Begleichen der Rechnung an. Die meisten Formen, die dieses Streben annimmt, sind negativ. Entweder man versucht, möglichst schnell eine neue Beziehung aufzunehmen, um dem Ex zu zeigen, wie leicht ersetzbar er und wie begehrenswert man selbst ist. Beziehungen, die aus dieser Motivation eingegangen werden, haben meist eine nur geringe Erfolgschance. Oder man versucht, eine ausgleichende Gerechtigkeit über die Kinder zu erreichen. Sie werden in die Rolle eines erhabenen Richters versetzt, mit der Verteilung ihrer Liebe soll die ungerechte Situation wieder ins Lot kommen. Der Mann mag ja den Scheidungsrichter, seinen Anwalt, seine Freunde usw. auf seine Seite gezogen haben und damit einen ungerechtfertigten Sieg davongetragen haben; ER mag es ja nicht würdigen, daß er von seiner Frau innig geliebt wurde, daß sie die Familie und die Kinder liebevoll gehegt und dafür auf manches verzichtet hat usw., doch die Kinder werden die Wahrheit erahnen und entsprechend fühlen. Die Kinder werden gegen den Expartner benützt, weil sie das einzig verfügbare Vehikel zur Erreichung eines Ziels sind.

Mit dieser Problematik können wir umgehen, indem wir das Ziel selbst verunglimpfen. So läuft es im Moment. Wir sagen den Menschen, daß es sich bei dem Wunsch nach Vergeltung um ein unrechtmäßiges Ziel handelt, von dem sie ablassen sollen. Das tun sehr viele Menschen nicht und können es auch nicht, weil ihr Gefühlshaushalt es nicht zuläßt. Die zweite Möglichkeit wäre, eine andere Form des emotionalen Ausgleichs zu suchen. Dies ist nur möglich unter Einbeziehung von Begriffen wie Verzeihen, Unrecht, Dankbarkeit ... Begriffen also, mit denen unsere Gesellschaft nicht bequem umgehen kann.

Die Schuldfrage bei einer Scheidung gehört gegenwärtig fast schon der Vergangenheit an, und nur wenige Menschen werden das bedauern. Und dennoch ist die Schuldfrage nur im rein formalistisch-legalistischen Sinn ausgeräumt. Für die meisten Menschen bleibt sie in Form von Selbstvorwürfen, Ressentiments, Selbstmitleid u. ä. ein zentraler Bestandteil des Lebens nach der Scheidung.

Für die oben zitierte Frau G. dauerte es fünf Jahre, bis sie eine gelassenere Haltung gegenüber ihrem Exmann entwickelte. Heute kann sie erkennen, daß manche seiner Taten nicht gegen sie gerichtet waren, sondern seinem eigenen, problematischen persönlichen Hintergrund entsprangen. Sie kann erkennen, daß er nicht nur ihr, sondern auch sich selbst Schmerz zugefügt hat und vermutlich ist sie auch in der Lage, eigene Anteile an den Problemen eher zuzugeben. »Wenn er heute wiederkäme«, meint sie, könnte sie ihm dabei helfen, zu den Kindern eine konstruktivere Beziehung aufzubauen. Sie kann heute auch erkennen, daß dies in ihrem eigenen Interesse wäre, nicht bloß im Interesse der Kinder. Doch damals brauchte sie die Kinder auf ihrer Seite der Waagschale, als Schutz gegen ihn und um gegen ihn zu punkten.

Herrn G. fehlten, von allem anderen abgesehen, auch einige Fertigkeiten die ihm geholfen hätten, auch noch mit seiner verfahrenen Scheidungssituation umzugehen. Es fehlte ihm die Fähigkeit zur Gesprächsführung mit seiner ehemaligen Frau. Er meinte, dieses Gespräch vermeiden zu können und statt dessen ausschließlich aggressiv und unversöhnlich mit ihr umgehen zu können, doch das erwies sich als kontraproduktiv. Zweitens fehlte ihm das Wissen, um mit einer Besuchssituation gut umzugehen. *Hierbei handelt es sich um zwei Fertigkeiten, die geschiedene Väter auf jeden Fall erwerben sollten.*

Eine *gut gelöste Nachscheidungssituation* kann es nur geben, wenn die beteiligten Erwachsenen zu einem friedlichen Abschluß ihrer Beziehung finden. Fast jede Scheidung geht mit Enttäuschungen und negativen Gefühlen einher, nur sehr selten stehen diese Gefühle in einem absoluten Gleichgewicht, sondern ein Partner fühlt sich mißverstanden, schlecht behandelt, übervorteilt usw. Sehr oft tun dies auch beide. Wenn von einem friedlichen, versöhnlichen Abschluß die Rede ist, dann handelt es sich erstens um eine relative Bezeichnung und zweitens um eine subjektive Linienziehung. Welches Endergebnis schließlich akzeptabel, verständlich und fair erscheint, hängt von den Persönlichkeiten der Beteiligten und von der subjektiven und intersubjektiven Bewertung ihrer Beziehungsgeschichte ab.

Zu einer für beide Seiten praktikablen Lösung hat Familie H. gefunden.

Frau H. hätte Grund, ihrem Exmann Vorwürfe zu machen. Obwohl sie zu Beginn ihrer Ehe vergleichbare berufliche Startchancen hatten, hat er sich rückhaltlos in die Karriere gestürzt und die getroffenen Vereinbarungen bezüglich des Familienlebens nie eingehalten. Er überredete sie zu einem längeren Auslandsaufenthalt, der seinen Aufstieg weiter festigen sollte. Nach der Rückkehr sollte sie »dran« sein. Statt dessen fing er im Ausland eine Beziehung zu einer anderen Frau an. Wegen dieser anderen Beziehung kam es schließlich zur Scheidung. In dieser Ehe haben wir alle Ingredienzien für fortgesetzte Feindseligkeiten: Untreue, berufliche Benachteiligung der Frau, Verlassen einer Familie mit kleinen Kindern durch den Mann.

Dennoch empfindet Frau H. nur begrenzte Animosität gegenüber ihrem Mann. Dies erklärt sie damit, daß ihre Ehe in Wahrheit schon jahrelang nur mehr einen lauwarmen Gefühlspegelstand hielt (es wäre mehr wie eine Bruder-Schwester-Beziehung gewesen), daß die Trennung in Wirklichkeit auch ihrem Willen entsprach, daß sie ihr Leben hauptsächlich an den Kindern orientierte und daß sie in der jetzigen Freundin ihres Mannes nicht wirklich den Scheidungsgrund, sondern nur die letzte in einer langen Kette von Affären sieht.

Ihr Mann wiederum fühlt sich tendentiell schuldig am Zerbrechen der Familie. Zwar hätte auch er gewisse Vorwürfe gegenüber seiner Frau, doch sind diese überschattet von der Tatsache seiner eigenen Untreue und seinem Verlassen der Ehe. Er bedauert diese Entwicklung und verhält sich seiner Exfrau gegenüber freundlich, kooperativ und wiedergutmachend.

Seine Haltung gab Frau H. während der Scheidungszeit ein gewisses Gefühl von Sicherheit. Sie »wußte, er hat den Ehrgeiz, die Sache gütlich zu regeln. Ich wußte, es wird nie in Schmutz und Ekel und Haß enden.«

Diese gegenseitigen Sichtweisen ermöglichten auch eine kooperative Gestaltung der Besuchsvereinbarung. Frau H. hat z. B. festgestellt, daß die stundenweise Abholung der Kinder für sie belastend war. Erstens war die damit freigewordene Zeit zu kurz, um sie für sich selbst zu nutzen. Zweitens und gravierender: diese kurzen Besuche »haben in mir immer die Hoffnung geweckt, daß er danach noch hereinkommt und wir gemeinsam etwas unternehmen«. Er kam auch gerne in der Früh, holte die Kinder ab und brachte sie in den Kindergarten.

> Das habe ich gehaßt. Sie in den Kindergarten zu bringen, ist ja keine Arbeit, sondern die Arbeit liegt davor, mit dem Anziehen, dem Herumraufen mit den Kleidern, dem Frühstück und so weiter. Wenn er sie dann fixfertig abgeholt hat, hat mir das nur deutlich vor Augen geführt, daß ich nun als Alleinerziehende den Alltag ganz allein machen muß.

Deswegen hat sie bewirkt, daß die Besuche jetzt länger und deutlicher abgegrenzt sind. Er holt sie am Vormittag und bringt sie am nächsten Abend. »Auch die Kinder haben mehr davon.«

Keiner der beiden machte aus den Unstimmigkeiten eine Prinzipienfrage, sondern es wurden Lösungen gesucht, die für beide funktionieren.

Es ist nicht nur im Interesse Ihrer Kinder, sondern auch in Ihrem eigenen Interesse, wenn Sie zu Ihrem Expartner ein friedliches Verhältnis haben. Sie haben dann nicht nur mit ihm, sondern auch mit der eigenen Vergangenheit Frieden geschlossen. Sie können das Kapitel abschließen, ohne den Ärger weiter mit sich herumzutragen, und ihre fortgesetzten Interaktionen mit dem Ex, die schließlich bis zur Mündigkeit der Kinder unausweichlich sind, verlaufen viel entspannter.

Doch es liegt nicht bloß an Ihnen, Ihrer Selbstbeherrschung und Ihrem guten Vorsatz, ob das so klappt. Einige Voraussetzungen sind erforderlich, und es ärgert uns – weil es ein Irrweg ist –, wenn in diesem Punkt ständig nur die Frauen Objekte belehrender Sprüche sind. Das geht ja auch gar nicht anders, denn Männer haben es wohlweislich zu verhindern gewußt, daß es überhaupt eine Plattform für solche Belehrungen gäbe. Der Abendsport ist ungeeignet, die Motor- und Autozeitschriften auch. Sie haben es verstanden, sich auch medial unerreichbar zu machen.

Es gäbe weitaus weniger Konflikte, es würde den Kindern aus geschiedenen Ehen weitaus besser gehen, wenn einmal aufrichtig in der Gegenrichtung (Mann über Frau, Mann über Kind) nachgedacht würde. Der Schlagabtausch mit der Ehemaligen mag psychische Befriedigung bringen, aber es ruiniert die Nerven einer Frau, die möglichst gut und möglichst ausgeglichen mit den gemeinsamen Kindern umgehen soll. Nicht immer stehen hinter den Sorgen und Einwendungen und Forderungen dieser Frau böse Absichten: es wäre die fünf Minuten Männerdenkzeit wert, ihre Sichtweise vorurteilsfrei auf sich einwirken zu lassen. Vielleicht sind ihre Sorgen, auch wenn sie kein »Recht« hat, sich diese speziellen Sorgen zu machen, begründet. Vielleicht tut es nicht weh, auch eine unbegründete Sorge ernst zu nehmen und auszuräumen.

Zur Illustration hier ein häufiger Streitpunkt: die Frau will wissen, was der Mann am Besuchstag mit dem Kind vorhat. Er erwidert, mehr oder weniger sachlich, daß sie dies nichts anginge. Objektiv mag das stimmen. Vielleicht ist es trotzdem möglich, sie zu informieren und zu beruhigen. Vielleicht entstammt die Antwortverweigerung des Mannes der Tatsache, daß er sich in Wahrheit mit dem Besuchstag schwertut und oft nicht weiß, was er mit Kind unternehmen soll. Ein konstruktives Gespräch zwischen den Eltern wäre diesbezüglich vorstellbar, wenn alle die richtige Einstellung mitbringen. Umgekehrt könnte man – ebenfalls in einem konstruktiven Gespräch – daraufkommen, daß die Frau sich viel zu umfassend verantwortlich und belastet fühlt und es lieber genießen sollte, sich 48 Stunden lang überhaupt keine Sorgen um das Kind machen zu müssen. Vielleicht ist sie es, die es mit ihrem freien »Besuchswochenende« nichts anzufangen weiß. Mit dieser Einsicht kann der Mann unterschiedlich umgehen; er kann es ihr spöttisch an den Kopf werfen, was ihre Wut nur weiter steigern wird, oder er kann ihr helfen. Vielleicht lassen sich die Besuchszeiten so organisieren, daß sie für ihr eigenes Privatleben mehr davon hätte.

Es ist sehr auffällig, daß nach einer Scheidung oft beide Erwachsenen den anderen als den Stärkeren und sich selbst als den Schwächeren erleben. Das Resultat ist, daß sie Handlungen, die eigentlich nur ein konstruktives Entgegenkommen bedeuten würden, als persönlich entwürdigend erleben. Es ist bereits sehr viel erreicht, wenn man von dieser Schiene abkommen kann. In unserer Beobachtung sind es die Männer, denen dies besonders schwerfällt. Sie sind es gewohnt, Konflikte auf der Kräfteebene zu lösen, und haben das vielleicht auch während ihrer Ehe so gemacht (weshalb diese Ehe nun geschieden ist).

Es gibt durchaus Situationen, in denen ein gänzlicher Abbruch der Beziehung sinnvoll ist – und das sind nicht nur Situationen, in denen der Mann ein desinteressiertes, schreckliches Unge- heuer ist.

In unserer Untersuchung stießen wir auf Männer, die sich aus einem Gefühl der Verantwortung heraus zurückgezogen hatten, etwa weil sie bemerkten, daß die Besuchsbeziehung für ihre Kinder zu aufwühlend oder geographisch unzumutbar war. Einer dieser Interviewpartner, Anwalt und in zweiter Ehe Vater von zwei Söhnen, hatte ein besonders herzliches Verhältnis zu seiner nunmehr 22jährigen Tochter aus erster Ehe. Diese Toch- ter hatte er zwischen ihrem fünften und ihrem zwölften Lebens- jahr nicht gesehen. Seine Frau war nach der Scheidung von Ber- lin zu ihren Eltern nach Wien gezogen. Die Besuche, die aus geographischen Gründen nur in unregelmäßigen Zeitabständen möglich waren, wurden vom Kind mit großer Unruhe quittiert; es dauerte danach meist viele Tage, bis sich das Kind wieder be- ruhigt hatte. Die Eltern kamen überein, daß die Besuche einge- stellt werden sollten, und der Mann sah sein Kind erst wieder, als sie mit 12 dezidiert und selbst den Wunsch danach äußerte. Während dem Studium zog sie, mit dem Einverständnis der Mutter, zu ihm. In den dazwischenliegenden Jahren hatte er seine Unterhaltszahlungen geleistet und sich telefonisch bei der Mutter über das Wohlergehen des Kindes informiert. Dieser Vater reflektiert heute:

> Das war keine Flucht, sondern ein echter Verzicht meinerseits. In meiner Praxis sehe ich oft Männer, die diese Aufwühlung ihrer

Kinder nicht wahrhaben wollen. Wenn die Mütter ihnen sagen, daß die Kinder nach einem Besuch bei ihnen völlig irritiert sind, halten sie das für eine gemeine, taktische Lüge. Oft aber ist es wahr. Kinder fühlen sich zerrissen, was mit dem gemeinsamen Sorgerecht noch sehr viel schlimmer werden wird. Ich wollte meiner Tochter diese Zerrissenheit ersparen und rückblickend sehe ich, es war gut so.

Es ist nicht ratsam, als Mutter den Vater-Kind-Kontakt aktiv und einseitig zu unterbinden, auch dann nicht, wenn man überzeugt davon ist, daß dies die bessere Lösung wäre. Doch viele Frauen, die den Kontakt des Kindes zum Vater mit besonderer Besorgnis beobachten, tun paradoxerweise das Gegenteil: sie versuchen, diesen Kontakt zu »richten«. Sie bringen das Kind dazu, den Vater anzurufen oder ihm zu schreiben. Damit tun sie sich selbst Zwang an, aber auch dem Kind. Sie wollen dem Kind einen Loyalitätskonflikt ersparen, verstärken aber das Gefühl der Zerrissenheit bloß noch mehr.

Wer in der Lage ist, sich über Allgemeinplätze hinwegzusetzen und die eigene Situation kühl zu überdenken, kommt oft auf ungewöhnliche, aber individuell passende Arrangements. Diesen funktionierenden Arrangements ist eines gemeinsam; sie sind zumindest subjektiv ausgewogen. Alle Beteiligten bekommen das, was sie in der Situation brauchen: Ruhe, Geld, Distanz, Nähe, Unterstützung, freie Abende, eine Berufschance, was auch immer. Arrangements, die dem Gesetzgeber gefallen und nach außen gut aussehen, werden trotzdem nicht funktionieren, wenn sie den Bedürfnissen der Teilnehmer nicht ausgewogen entsprechen.

Kapitel 10

Vier Frauen: Mit der Trennung geht's bergauf

Im folgenden Kapitel lernen wir vier Frauen kennen. Ihre Geschichten sind teilweise wahnsinnig, gleichzeitig aber sehr normal. Manche Details sind vor allem deshalb amüsant, weil weibliche Leser sich in schrecklicher Weise wiederfinden werden – absurde Kompromisse kann man im Leben anderer stets deutlicher erkennen als im eigenen.

Die vier Lebensgeschichten sind auch dazu gedacht, Ihr lesendes Auge zu schulen. Wenn Sie anhand dieser vier Frauen erkennen, welche Fehler Frauen typischerweise machen, wie sie sich selbst in Situationen bringen, die ihnen später Kummer verursachen, wie sie ihre Niederlagen und ihr Scheitern energisch vorbereiten – dann müßten Sie auch in der Lage sein, denselben kritischen Blick auf ihr eigenes Leben zu richten, – und schleunigst den Retourgang einschalten, bevor es zu spät ist.

Doch wirklich und endgültig »zu spät« ist es – auch das zeigt uns das Beispiel dieser vier Frauen – nie. Wenn Sie der Falle entkommen, Ihren Fehlern und der damit verbundenen verlorenen Zeit nachzutrauern, kann es Ihnen nicht nur besser, sondern richtig gut gehen.

Lesen Sie zuerst die Geschichten der vier Frauen. Merken Sie sich, was Ihnen dabei auffällt. An welchen Punkten möchten Sie sich am liebsten die Haare raufen und diese Frau zurückreißen, bevor sie ihren schrecklichen Irrweg beschreitet? Wo hätte sie der Sache noch eine Wende geben können, statt mutwillig alles noch viel schlechter zu machen? Im Anschluß finden Sie unsere Interpretation, als Ergänzung und Vergleich.

Wenn Sie wollen, können Sie danach den Versuch machen, die Dinge, die Sie an Ihrer eigenen Situation stören, durch dieselbe freundlich-kritische Brille zu betrachten. Was fällt Ihnen dann auf, wo raufen Sie sich die Haare, wo reißen Sie sich zurück – und, was viel wichtiger ist, wo knüpfen Sie an, um es ab nun vernünftiger und lustiger anzugehen?

Lisa, 39 Jahre. Lisa ist eine sehr zurückhaltende Erscheinung, blond, zart und auf den ersten Blick viel jünger, da sie den Habitus eines schüchternen Mädchens hat.

Ihre Eltern waren sehr ehrgeizig und stellten ihre schulischen Leistungen häufig ins Zentrum des Familiengeschehens. Als einziges Kind wollte sie allen Anforderungen auch perfekt entsprechen, maturierte mit Auszeichnung und durfte dann mit einer Gruppe aus ihrer Klasse nach Frankreich fahren. Dort traf sie auf Gérard, einen französischen Cafébesitzer, der ihr charmant und energisch den Hof machte.

Nach ihrer Rückkehr war für Lisa klar, daß sie auf keinen Fall eine akademische Ausbildung machen wollte – zum Entsetzen ihrer Familie. Sie belegte einen Intensivkurs Französisch und schrieb jeden Tag an Gérard. Er telefonierte öfter, Schreiben lag ihm nicht so sehr. Er war genau das Gegenteil von dem, was sich Lisas Eltern von einem Mann für ihre Tochter erwartet hatten: er lebte in finanziell unübersichtlichen Verhältnissen, war 12 Jahre älter, ein charmanter Südfranzose mit ausgeprägten Flirt-Tendenzen.

Der Französischlehrer im Kurs wußte, wie sehr es Lisa nach Frankreich zog. Er vermittelte ihr die Adresse einer Handwerkskooperative in der Provence, wo sie gegen Kost und Logis arbeiten konnte. Gegen den erbitterten Widerstand ihrer Eltern reiste sie schließlich nach Frankreich. Allerdings mußte sie zuvor noch die Auflage ihrer Mutter erfüllen, daß Gérard nach Wien kommt, damit ihn die Familie kennenlernen könnte. Gérard war perplex über diese Einladung oder besser Aufforderung und versuchte dieser Situation zu entkommen.

> Eigentlich hätte ich damals nicht so insistieren sollen, ich habe Gérard richtiggehend in eine Verbindlichkeit hineingedrängt, die ihm von seinem Wesen insgesamt völlig fremd war. Andererseits war er sehr verliebt in mich, so daß er schließlich bereit war, meine Familie kennenzulernen. Er hat mir später dann immer

vorgeworfen, daß ich mich so von meinen Eltern abhängig gemacht hätte. Ein erwachsener 19jähriger Mensch würde seine Entscheidungen selbst treffen. So einfach war die Sache natürlich nicht. Ich liebte meine Eltern, ich konnte auch ihre Bedenken verstehen und schließlich lebte ich auch noch von ihrem Geld.

Das Treffen verlief in einer angespannten Stimmung, meine Mutter war zwar anfällig für seinen Charme, gleichzeitig witterte sie den Luftikus und Lebemann in ihm, eine Einschätzung, die ich leider zu lange nicht als akkurat wahrhaben wollte.

Ich reiste schließlich nach Frankreich und begann dort eine Tischlerausbildung. Ich liebe diesen Beruf heute noch über alles, obwohl ich durch meine räumlichen Gegebenheiten fast nur Kleinstmöbel und Rahmen übernehmen kann.

Gérard lebte nur 50 km von meiner Kooperative entfernt und wir sahen uns regelmäßig am Wochenende. Ich reiste zu ihm, half im Café aus und merkte gar nicht, daß er ziemlich schnell seine Wochenendaushilfe entließ, weil er mit meiner Mitarbeit als fixem Bestandteil des Betriebs rechnete. Finanziell ging es ihm nicht besonders, das Café war mit einer Hypothek belastet, was ich aber erst viel später und durch Zufall erfuhr.

Die Wochenenden waren aber trotzdem wahnsinnig schön für mich, ich war jung und begeistert, mich in Frankreich so gut eingelebt zu haben, und einen feschen Franzosen an meiner Seite zu haben.

Nach exakt 10 Monaten war ich schwanger. Ich weiß heute noch nicht, wie das geschehen ist, wir haben immer alle nötigen Vorkehrungen getroffen. Gérards spontane Anmerkung war, no problem, das passiere ihm nicht zum ersten Mal, er müsse noch irgendwo diese Adresse einer Hebamme haben, die alles verläßlich erledigen könnte.

Ich war total fertig und habe rückblickend sicher das einzig Richtige getan. Ich bin heimgefahren und habe meinen Eltern alles gestanden. Gérard ist nachgekommen, es gab dramatische Szenen, alles in bruchstückhaftem Französisch. Gérard war zerknirscht, mein Vater hat getobt und ihn bei den Essen nur mißbilligend betrachtet, und meine Mutter wollte ihn am liebsten hinausschmeißen.

In Wirklichkeit wäre Gérard erleichtert gewesen, wenn es zu einem Ende gekommen wäre, aber ich war noch immer so verliebt in ihn, und als mich mein Vater fragte, ob ich mich trennen wolle oder diesen Nichtsnutz heiraten, habe ich für die Heirat plädiert, eine Fehlentscheidung. Außerdem war es grotesk, das habe ich allerdings erst später bemerkt, daß mir im Grunde mein Vater den Heiratsantrag gemacht hat. Gérard saß daneben und nickte nur.

Ungeheuerlich finde ich allerdings, daß mein Vater Gérards Schulden, die auf dem Café lasteten, übernahm. Er wollte, daß ich in geordneten finanziellen Verhältnissen lebte und wir einen guten Start in die Ehe hätten. Ich habe das damals nicht so mitbekommen, ich war dann mit den Hochzeitsvorbereitungen und meiner baldigen Mutterschaft völlig ausgelastet.

An die ersten Ehejahre kann ich mich nur mehr diffus erinnern, wir hatten viel Streit und wenig Geld. Ich hatte aber nicht vor, schnell aufzugeben. Alles, was ich mir in meinen Schuljahren angeeignet hatte, wie Disziplin, Konzentration und Durchhaltevermögen, verwendete ich auf meine Ehe. Ich wollte um jeden Preis glücklich sein, ich konnte nicht akzeptieren, daß alles aus dem Lot war. In Wirklichkeit fand sich Gérard in einer Situation vor, die nichts mit ihm und seinen eigenen Vorstellungen zu tun hatte. Heute sehe ich, daß er in eine Rolle gedrängt wurde. Trotzdem gelingt es mir nicht wirklich, verständnisvoll zu sein, weil er war so viel älter und hätte mich als naives junges Mädchen nicht so anmachen müssen.

Wir haben bald einen gemeinsamen Nenner gefunden, der war das Café. Ich warf mich voll in die Arbeit, ich sah viele Möglichkeiten, daraus einen tollen Betrieb zu machen. Das ist mir auch gelungen. Wir haben ein kleines Bistro angeschlossen und ich habe darauf bestanden, meinem Vater sein investiertes Geld zurückzuzahlen. Komisch war nur, daß sich Gérard im selben Ausmaß, wie ich mich engagierte, zurückzog. Er konnte das nicht ertragen, daß jetzt alle auf mein Kommando hörten. Ich habe dann versucht, wieder die Balance herzustellen und habe mir in den angrenzenden Wirtschaftsgebäuden eine kleine Tischlerwerkstatt eingerichtet.

Es lebten viele Touristen in der Gegend, die Häuser kauften und gerne altes Mobiliar, das sie auf Flohmärkten fanden, herrichten ließen. Auch dieses Geschäft wurde ein voller Erfolg. Ich war zufrieden, irgendwie war es mir doch gelungen, meine Ambitionen in irgendeiner Weise umzusetzen.

Meine kleine Tochter wuchs heran, ich fand es schön, daß sie die Nachmittage bei mir in der Werkstatt verbrachte. Aber Gérard trat zunehmend in den Hintergrund. Statt die Situation so zu akzeptieren, wie sie war, also zu akzeptieren, daß ich eine erfolgreiche Geschäftsfrau war und unsere Beziehung gescheitert war, habe ich ständig versucht, ihn anzuflehen.

Er hatte ständig Freundinnen, was mich sehr kränkte, obwohl er mir schon fremd geworden war. Ich trat tatsächlich in Konkurrenz zu diesen Mädchen, die oft nicht älter als unsere Tochter waren. Als mich meine Eltern im Vorjahr besuchten, schlugen sie vor, einen Anwalt aufzusuchen, um die Besitzverhältnisse zu regeln. Ich war entgeistert, ich war eigentlich gewillt gewesen, trotz aller Verletzungen so weiterzuleben. Als sie mir vor Augen hielten, daß Gérard ein Bruder Leichtfuß sei, unzuverläßig, sowohl finanziell als auch emotional, und daß ich meine Tochter um unseren Besitz bringen würde, für den ich hart gearbeitet hatte, wurde ich doch einsichtig.

Wir sind gerade dabei, alles zu regeln, Gérard scheint seine bevorstehende Freiheit wieder fröhlicher zu stimmen. Ich bin auch nicht unglücklich, ich habe doch noch etwas aus meinem Leben gemacht, 2 Betriebe aufgebaut, ein Kind großgezogen und mich letztendlich unabhängig gemacht, wenn es mir auch erst im zweiten Anlauf gelungen ist.

Pia, 54 Jahre. Pia ist dynamisch, eloquent und die personifizierte Vertreterin der Stilrichtung »positives Denken«. Aber so war sie nicht immer.

Jetzt ist mein eigentliches ICH durchgebrochen, lange genug war es verschüttet. Als ich Lukas heiratete, war ich erst 20, ein desorientiertes, idealistisches Hendl, gerade von einem Kibbuz-Aufenthalt zurückgekehrt. Er war schon in der Endphase seines Ökonomie-Studiums. Ich habe auch studiert, aber »nur« Dolmetsch, das war für ihn Weiberkram, Sprachen, höhere Töchter, alles dieselbe Schiene. Daß ich fließend arabisch und hebräisch sprach, war nur eine Anmerkung in diversen Abendunterhaltungen. Mir kommt heute noch die Wut hoch, wenn ich daran denke.

Kurzum, romantisch wie ich war, saß ich plötzlich in der Ehe fest. Er wollte mich immer kontrollieren, das war klar, darum hat er auch so auf die Ehe gedrängt. ER war 7 Jahre älter. Ich wurde schnell schwanger und lief mit rundem Bauch an der Uni von Seminar zu Seminar, ich wollte unbedingt noch mein Diplom abschließen. Das hat ihm nicht besonders gefallen. Seine Vorstellung war, daß ich jetzt für ihn da bin, und auch an seinen Agenden mitarbeite.

Das habe ich leider auch getan, über Jahre. Ich tippte hingebungsvoll Gutachten, war nach einiger Zeit schon derartig eingearbeitet, daß ich selbständig für ihn an der Welthandel Literatur recherchieren konnte. Aber zwischenzeitlich ging er zu einem Post-graduate-Studium nach Fontainebleau, das war mein ungeheures Glück, weil neben diesem anspruchsvollen Tyrannen hätte ich nie mein Diplom geschafft. Er war weg, das Baby war da und ich war glücklich. Endlich wieder frei.

Ich hängte mir das Kind um, damals eine Sensation, und zog los, um meinem Leben einen Sinn zu geben. Als er zurückkam, mit seinem Abschluß in der Tasche, hatte ich mein Diplom mit Auszeichnung bestanden und einen Job bei einer Wirtschaftsfirma gefunden. Plötzlich war alles so harmonisch, ich war glücklich und bemerkte leider nicht, daß er energisch daran arbeitete, die Familie schnell wieder zu vergrößern.

Als ich wieder schwanger war, was mir allerdings völlig normal vorkam, weil ich selber aus einer kinderreichen Familie kam, war das wieder einmal das Aus für meine hoffnungsvolle Laufbahn. Ich steckte all meine Energien in den Lukas, weil ich dachte, jetzt baue ich die Familie auf, und dann, wenn alles von selber läuft, bin ich noch jung genug für das Berufsleben.

Diesmal bekam ich Zwillinge. Lukas freute sich, ganz traditionell, und ging sonst allen Schwierigkeiten und Anforderungen aus dem Weg, und zwar buchstäblich. Er verließ uns morgens, kam zum Mittagessen kurz vorbei. Eine wahnsinnige Belastung für mich, aber eine Notwendigkeit, weil wir nicht soviel finanziellen Spielraum hatten, daß er mittags ins Gasthaus gehen hätte können, eine Jause lehnte er ab mitzunehmen. Abends kam er gegen sechs, dann wurde es sieben. Rückblickend sehe ich das so, daß sich mit dem längeren Aufbleiben der Kinder sein Aufenthalt im Büro verlängerte.

Als er an die Uni ging, um eine wissenschaftliche Laufbahn einzuschlagen, war er eigentlich nur sporadisch da. Vor größeren Publikationen hat er sogar auf seiner Institutscouch geschlafen. Kann man sich das vorstellen? Ich bat meine Nachbarin, nach den Kindern zu schauen und radelte mit seinem Essen im Thermosgeschirr bei ihm in der Uni vorbei, ich war so was wie ein Vorbote von Essen auf Rädern, nur daß ich keinen Pensionisten belieferte, sondern einen karrieregeilen, verantwortungslosen Mittdreißiger, der sich nichts aus mir und seinen Sprößlingen machte.

Das sah ich damals noch nicht so, sonst hätte ich das alles gar nicht überlebt. Im Gegenteil, ich bewunderte ihn, weil ich ein Genie in ihm sah. Irgendwann würde er die große Karriere gemacht haben und ich würde dann für alles entschädigt werden. In der Zwischenzeit saß ich mit den Kindern fest, mußte schrecklich sparen.

ER aß gerne Tafelspitz. Wenn wir wirklich welchen hatten, beteuerte ich immer, daß mir nichts an Tafelspitz liegt, damit er zwei Stück haben konnte und ich die Haushaltskasse schonte. Diese Episode ist so peinlich, daß ich sie später nicht einmal meinem Therapeuten erzählen konnte, so habe ich mich geschämt.

Ich habe mich aber einmal richtig durchgesetzt, und zwar als es um die Einschulung der Kinder ging. Ich wollte, daß sie unbedingt mehrsprachig aufwachsen und schickte sie ins Lycée. Er war total dagegen, weil das Schulgeld zu hoch war. Das war für mich der Moment, wo ich mich selber hochrüttelte und meine Berufstätigkeit wieder ins Auge faßte. Natürlich war es ein Ausbeuterjob, den ich kriegte, ich konnte nur halbtags arbeiten und war mit den Kindern und der großen Wohnung ständig am Rande der Erschöpfung.

Zehn Jahre später. Ich war Mitte dreißig, frustriert und unglücklich. Mein Mann hingegen erfolgreich, ein Salonlöwe, wenn er sich bewegen ließ, zu einer Einladung zu gehen. Aber ich war immer ein Anhängsel und als Frau mit starkem Ego hat mich das total gekränkt. Er hat auch wenig dazu getan, meine Leistungen in ein freundliches Licht zu stellen. Es war nie genug, was ich tat. Hatte eines der Kinder schlechte Noten, war es mein Versagen. Und drei Kinder, die ungefähr gleich alt, gleich aufgeweckt und schrecklich pubertierend sind, bei der Stange zu halten, ist ein wahnsinniger Auftrag. Es war selbstverständlich, daß ich seine Arbeiten tippte, ich war schon auf seinem Computer eingeschult, bevor er überhaupt wußte, wo der Einschaltknopf ist. Er beharrte darauf, seine Werke handschriftlich mit Tinte in kleine Bücher zu schreiben, er hatte überhaupt den Habitus des Gelehrten.

Das konnte er ja alles durchziehen mit so einer blöden Kuh wie mit mir an der Seite, die dann alles fein säuberlich tippte, korrigierte, kopierte etc. etc.

Ich hatte ein leidenschaftliches Interesse für Menschen entwickelt. Ich wollte raus, Kontakte haben, durchaus an seiner Seite. Aber ich saß zunehmends fest. Er ging oft gleich nach dem Institut zu irgendwelchen Einladungen und ich durfte daheim Aufgaben kontrollieren oder die Texte, die er mir durch die Sekretärin übermittelte, und die in der Bürohektik nicht überarbeitet werden konnten, korrigieren und schreiben.

Am unfaßlichsten ist, daß ich zwar geflucht und geschimpft habe, daß ich ihn zeitweise sogar dazu brachte, einen Ausflug mit uns zu machen oder 10 Tage in Grado zu verbringen, aber daß ich das alles im Grunde mitgemacht habe. Und es wäre noch ein paar Dekaden so weitergegangen.

Aber er ist an seinem 50. Geburtstag ausgezogen. Einfach so. Andere gehen angeblich Zigaretten holen und kommen nie wieder. Er hat seine Habseligkeiten gepackt, viel war eh nicht da, die wichtigsten Bücher hatte er ohnehin am Institut, und ist zu IHR gezogen. Da gab es eine kleine Übergangsgarconniere, in die er sich angeblich zurückziehen wollte, um sein Leben zu überdenken, aber in Wahrheit landete er bei dieser jungen Frau, einer ehemaligen Studentin von ihm, die er bei einer Tagung wiedergetroffen hatte.

Damals hätte ich aufatmen und ihn einfach lassen sollen, statt dessen steckte ich noch ein paar Jahre in die Konfliktaufarbeitung inklusive Therapie.

Ich mußte um alles kämpfen, um die Mietrechte in meiner Wohnung, die auf seinen Namen lief, um die Alimente, und er hatte die Stirn mir freche Briefe durch seinen Anwalt zu schreiben. Zu diesem Anwalt bin ich dann gegangen und habe gesagt, passen Sie auf, ich habe die letzten 20 Jahre die Steuer dieses feinen Herrn gemacht, den lass' ich hochgehen, wenn nicht sofort die Wohnung an mich geht und der gesetzliche Unterhalt bezahlt wird. Das hat geholfen.

Ich hatte diese Frau nie gesehen, und ich wollte sie unbedingt einmal sichten. Ich hatte herausgefunden, wo sie leben und bin dann eines Mittags, da ich sicher war, er würde sein liebgewordenes bequemes Mittagsritual mit Essen und kleinem Schläfchen auch in seinem neuen Leben nicht aufgeben, vor der Tür gestanden. Es wurde gerade ein neu verglastes Fenster im Zuge der Renovierungen geliefert, und ich bin mit dem Lieferanten einfach hineinspaziert. Sie saßen, wie in meinen schlimmsten Alpträumen, an einem schön gedeckten Tisch und aßen Spargel. Mein erster Gedanke war: die essen jetzt Spargel und frische Erdbeeren, es ist ja noch gar nicht Saison, aber jetzt war ja neues Leben und Luxus angesagt.

Er hat mich am Arm genommen und mich wie eine Schwerkranke behandelt. Er hat mich aus der Wohnung geführt und mich heimbegleitet. Unterwegs habe ich geweint und ihn in einem Anfall von Verzweiflung angefleht, zu uns zurückzukommen. Das tut mir heute noch leid. Die Kinder waren sehr lieb zu mir, vor allem meine 16jährige Tochter hat sich hingebungsvoll um mich gekümmert.

Als sich Lukas weigerte, die Kinder wiederzusehen, war ich aber diejenige, die sie alle trösten mußte. Sie haben trotzig bis verletzt reagiert. Und das hat mich letztendlich auch wachgerüttelt. Ich dachte, was ist das für ein Schwein, der für seine junge Liebe seine Kinder aus dem Leben streicht. Einer meiner Söhne ist dann in die Alternativwelt abgewandert, er hütet Schafe bei Longo May, aber ich habe nicht dagegen gearbeitet. Ist der akademische Karriereweg seines Vaters denn ein besseres Lebensmuster gewesen?

Ich habe mich in tausend Aktivitäten gestürzt, um mich zu betäuben. Als erstes habe ich eine feste Arbeit gesucht, weil ich ja nicht von meiner unterbezahlten Tätigkeit als Teilzeitübersetzerin leben konnte. Ich ging überall hin, in Universitätsinstitute, in internationale Organisationen und landete schließlich als Karenzvertretung in einem Reisebüro, wo ich mittlerweile eine eigene Abteilung zu Bildungsreisen leite.

Ich bin dann sehr offensiv vorgegangen. Durch seine komische Strategie, sich in den Jahren unseres Lebens so in den Mittelpunkt zu stellen, hatte ich fast keine eigenen Freunde. Ich habe einen Abend lang mein ganzes privates Telefonbuch durchtelefoniert und allen mitgeteilt, daß ich jetzt allein lebe, ein freier Mensch bin und darauf zähle, daß sie mich in der ersten Zeit über das Alleinsein hinübertragen. Das war ein Tip meines Therapeuten, der hat gesagt: ›Sie haben ihre ganze Lebenslust unterdrückt, Sie sind so offen und kommunikativ, worauf warten Sie?‹ Das hat mir sofort eingeleuchtet.

Es hat nicht lange gedauert, und ich hatte mir ein lustiges Leben organisiert, sicher, es war die reine Flucht nach vorn, aber sollte ich länger traurig sein? Ich war dauernd unterwegs, und erst nach einigen Monaten habe ich wieder die notwendige Balance gefunden.

Heute geht es mir viel besser. Ich kann jede Zumutung männlicherseits sofort dechiffrieren, das ging mir mit einer Beziehung, die ich seit kurzem habe, so. Er ist auch Uniprofessor, dieser Typus scheint mich nach wie vor verhängnisvoll anzuziehen. Sein Fach ist mir inhaltlich sehr nahe, also gab es viele Anknüpfungspunkte. Er war begeistert, als er erfuhr, daß ich perfekt hebräisch konnte, also kam er immer öfter mit aufwendigen Inschriften, die er gerne von mir entziffert und analysiert haben wollte. Da habe ich mich rechtzeitig sehr klar davon abgegrenzt, das kam mir bekannt vor.

Mittlerweile habe ich vielzuviel Geschmack am Leben gefunden, als mich nächtelang mit Nachschlagewerken daheim zu vergraben. Ich hab' es deutlich gesagt, und alles ist wunderbar, wir gehen aus und führen eine angenehme, sehr erotische Beziehung miteinander. Aber heiraten werde ich nie wieder. Ich rate es auch keiner jungen Frau.

Meine Tochter ist Designerin geworden, sie kann für sich sorgen und ist ihre eigene Chefin. Wozu sich einem Mann verpflichten? Eine verrückte Zeit, wo Mütter ihren Töchtern solche Ratschläge geben, aber wir Frauen müssen heute realistisch sein, unbedingt.

Marie, 38 Jahre. Marie ist eine zierliche Erscheinung, sportlich-lässig gekleidet, sehr aufgeschlossen und meistens wirkt sie strahlend und munter. Sie arbeitet als Hotel-Rezeptionistin in der Stadt. Seit 2 Jahren ist sie geschieden und seither »eine andere Person«.

Marie hat nach der Matura ein Jahr in Frankreich als Au-pair-Mädchen verbracht und dort Jakob zum ersten Mal getroffen, eine schicksalshafte Begegnung, denn eben diesen Jakob würde sie 8 Jahre später in Wien wieder treffen und heiraten.

Es war witzig, er ist mir damals schon in Paris in der Gruppe seiner Freunde als sehr anders, nun, als eher altmodisch reserviert und etwas streng vorgekommen. Dieser Typus hat mich immer angezogen, ich weiß nicht warum. Ich bin vom Naturell her ganz anders, spreche viel und gern und will immer gleich eine direkte Reaktion. Jetzt bin ich aber schon mitten in den Problemen.

Unser zweites Treffen fand in dem Hotel statt, in dem ich arbeite. Er holte Geschäftsfreunde aus seiner Firma bei uns ab und wir haben uns sofort wiedererkannt. Er mußte in der Lobby warten und ich habe ihn gefragt, ob er abends nicht mit mir etwas trinken gehen möchte. Ich bin in diesen Dingen sehr direkt und unbekümmert, und wie ich ihn einschätzte, hätte er sich höflich verbeugend verabschiedet und ich hätte ihn vielleicht nie wieder gesehen. Dann ist er gekommen – mit Rosen und hat mich in das eleganteste Restaurant der Stadt geführt. Ich war hingerissen. Allerdings war das Ende etwas unromantisch, er meinte nämlich, daß er heute abend die Rechnung übernehmen würde, obwohl er sich sonst die Kosten mit seinen diversen Rendezvous teilt. Das hätte schon ein Warnsignal sein sollen. Er war damals bereits in einer Management-Position und ich hätte für so ein Luxusabendessen im Palais Schwarzenberg sicher ein Viertel meines Gehalts ausgeben müssen.

Marie hat an ihm diese Aura des Weltmanns gefallen, er war verschlossen und dadurch geheimnisvoll. Heute stuft sie sein Verhalten eher als großtuerisch und unangenehm ein, aber das ist eben 12 Jahre und eine ganz und gar unromantische Ehe später.

Marie und Jakob haben überstürzt geheiratet, weil seine Mutter gestorben ist, die ihn bis dahin hingebungsvoll bekocht und betreut hat. Die große Innenstadtwohnung stand leer und die Decke fiel ihm auf den Kopf. Und da besann er sich Maries.

Die erste Zeit unserer Ehe war eigentlich in Ordnung. Ich selbst bin zwar nicht sehr traditionell erzogen worden, aber ich bin in die Fußstapfen seiner Mutter gerutscht und habe fleißig am kuscheligen Heim gewerkt. Abends um sechs kam ich aus dem Job, am Heimweg stoppte ich beim Meinl für die nötigen Einkäufe. Dann machte ich mich an das Menü des Abends. Darauf hat er großen Wert gelegt, wenn er gegen acht Uhr heimkam. Meist schaffte ich es gerade noch, schnell unter die Dusche zu steigen, um selbst auch appetitlich am schön gedeckten Tisch zu sitzen. Jakob trank dann schnell einen Whiskey, ging ebenfalls duschen und nach dem Essen ging er die *Herald Tribune* durch, während ich abräumte, den Spüler einstellte, den Frühstückstisch deckte, seinen Anzug mit passendem Zubehör im Schrankraum am stummen Diener für den nächsten Tag vorbereitete.

Ich war wirklich eine einzige Servicestation und für ihn war das ganz selbstverständlich. Er hat mich richtiggehend eingeschult, alles so zu richten, wie er es aus den Zeiten mit seiner Mutter gewohnt war. Die Tagesdecke am Doppelbett mußte halb zurückgeschlagen sein, ein kleiner Vorleger aus Leinen lag aus Hygienegründen vor seiner Bettseite, daneben die Lederpantoffeln. Die Bettwäsche durfte nur aus Leinen sein. Die Wäscherei verbrannte sie mir beim Bügeln oder weigerte sich überhaupt, sie anzunehmen, sie war ein Horror. Schließlich bin ich damit übriggeblieben, das führte dazu, daß ich nur seine Garnitur wöchentlich wie gewünscht neu bezog und bei mir manchmal auch 2 oder 3 Wochen vergehen ließ.

Sex hatten wir daher aus hygienischen Gründen nur auf seiner Seite, meine kam ihm schmuddelig vor. Morgens stand ich immer eine halbe Stunde vor ihm auf, damit es keine Pannen gab, richtete ihm einen Snack für den Vormittag, und manchmal, wenn er besonders gestreßt war oder ich extra nett sein wollte, holte ich ihm das Auto vom Parkplatz, der 10 Minuten entfernt war, und läutete an der Gegensprechanlage, damit er nur mehr runterkommen mußte und losfahren konnte. Ich bin selber fassungslos über mich, daß ich das alles getan habe, aber ich wollte unbedingt nett sein und ich bin sicher ein eher gutmütiger Mensch, der gerne in einem harmonischen Umfeld lebt.

Leider war das alles schnell Routine, und als ich anfing, mich für meine Fortbildung zu engagieren, Sprachkurse besuchte etc., kam es zu den ersten größeren Auseinandersetzungen. Er wollte, daß ich immer zur Verfügung stand, wenn er allerdings dienstlich nach London oder New York mußte, war das eine Selbstverständlichkeit. Klar, sein Einkommen und meines waren sehr unterschiedlich, aber er hat nie gegen meine Berufstätigkeit opponiert, das war sehr angenehm für ihn, daß ich beschäftigt war und keine großen Ansprüche an ihn hatte.

Nach drei Jahren Ehe kam Evi zur Welt. Ich blieb daheim und kümmerte mich um das Kind. Ich war selig, das Kind, das ich mir so lange gewünscht hatte, war endlich da. Allerdings wurde mir die Zeit mit dem Baby schon irgendwie lang, ich wollte gern halbtags in meine Arbeit zurück und suchte ein Au-pair. Als ich mit Jakob darüber sprach, war er sehr dagegen. Er meinte, daß sich mein Halbtagslohn nicht rechne im Verhältnis zu den Kosten, die das Kindermädchen in der Summe verursacht. Das hat mich geschockt, ich erlebte mich plötzlich als sehr abhängig und insgesamt meinen Beitrag als abgewertet und lächerlich. Bis Evi in den Kindergarten kam, blieb ich also daheim.

In der Zeit haben wir uns sehr entfremdet. Er war viel allein unterwegs, da es schwierig war, ständig Babysitter für abends zu organisieren. Meine Garderobe war auch nicht mehr so auf dem neuesten Stand, daß Jakob wie gewohnt mit mir hätte repräsentieren können.

Als Evi in den Kindergarten kam, arbeitete ich wieder voll, das war eine Zeit, die ich sehr hektisch in Erinnerung habe. Belastend auch deshalb, weil Jakobs perfektionistische Ansprüche noch zusätzlich viel von meiner Zeit und Energie in Anspruch nahmen. Für Evis Unartigkeiten mußte ich auch immer geradestehen, denn ICH war es schließlich, die sie nicht passend erzog.

Als ich wieder arbeitete, ließ ich mir aber viel weniger gefallen, das kam ganz automatisch, weil ich nun das Gefühl hatte, für mich selber zu sorgen und nicht (zur Gänze) von seinem Geld zu leben. Das registrierte er immer sofort und dann kamen zunehmend Bemerkungen von ihm wie: ›Rede nicht zurück.‹

Mir ging es gar nicht mehr gut, ich merkte auch, daß Evi sehr darauf bedacht war, alles richtig zu machen für den Papa und ein eher ängstliches Mädchen wurde. Ich habe, um gegenzulenken, viel Sport am Wochenende mit ihr gemacht, sie hat sogar mit vier schon Eishockey gespielt und ging in Judo.

Eines Tages sagte Jakob, daß wir einen Hausgast bekommen, seine 18jährige Nichte würde bei uns wohnen, weil sie ihr Studium beginnt und in Wien auf einen Studentenwohnheimplatz wartet.

Nana war ein nettes Mädel, allerdings eine zusätzliche Plage, weil sie nichts wegräumte. Ganze Prozessionen von jungen Mädchen zogen durch unsere Wohnung und bevölkerten bis spätnachts die Wohnküche, wo sie den Kühlschrank leerfraßen.

Mein Mann war immer sehr charmant zu diesen Besucherinnen. Eines Tages fand ich Theatertickets in seinem Sakko, es war eine alternative Studiobühne. Sie ahnen schon, was kommt. Er war mit einem dieser jungen Mädchen im Theater gewesen, und zwar am Abend zuvor, wo er angeblich mit irgendeinem »Langeweiler von der Konkurrenz« in einem Lokal ein endloses Geschäftsessen absolviert hatte. Ich sagte ihm auf den Kopf zu, daß ich ihn der Lüge überführt hatte.

Er war zuerst ganz verdattert, gewann aber sofort Oberhand, indem er offensiv wurde. Ja, er war mit Elena weg, durchaus nicht zum erstenmal. Er hätte mir schon häufig mehr oder weniger deutlich signalisiert, daß ich wenig dazu tat, um weiterhin emotional und sexuell attraktiv für ihn zu sein. Aber, er könne mich beruhigen, es handle sich bloß um eine milde Form der Midlife-Krise und er würde selbstverständlich zu seinen Verpflichtungen, die er mir gegenüber eingegangen sei, stehen.

Ich war fassungslos, wütend, verzweifelt. Ich durchlief alle Phasen von Selbstbeschuldigung, masochistischen Betrachtungen meines Körpers vor dem Spiegel im neonbeleuchteten Schrankraum bis zu Verwünschungen und Todeswünschen in bezug auf Jakob.

Jakob war wie ausgewechselt, seit er nun offiziell eine Geliebte hatte. Sie war im Kreis der Freundinnen von Nana auch schnell für mich identifizierbar, eine 19jährige Modeschülerin in Hotpants und atemberaubenden Plateauschuhen mit schwarzen Nägeln und tiefem Dekolleté. Ich hingegen stand da in meinem seriösen Business-Kostüm, fit for work.

Was tun? Als erstes schmiß ich mit drei Tagen Vorwarnzeit Nana hinaus. Später tat es mir leid, weil ich damit die Kontrolle über die Mädchenbande verloren hatte.

Ich ertrug die Situation immer schlechter. Ich war in einem großen Zwiespalt. Ich mußte meinen Dienstleistungsbetrieb noch perfektionieren, um nicht das Ende meiner Beziehung abrupt herbeizuführen. Ich brauchte einerseits Zeit, um mir klar zu werden, was ich wollte, andererseits fiel es mir schwer, weiterhin kontrolliert und sachlich meinen Tag zu managen.

In dieser Zeit begann Evi wieder Bett zu nässen, ein halbes Jahr vor der Einschulung. Ich ging zum Hausarzt, der die Situation sofort begriffen hat und mich mit Valium versorgte.

Ich mußte dann einige Tage nach Tirol, um unser neues Vertragshotel bei der Organisation zu beraten. Evi fuhr zu meiner Mutter, alles war bestens organisiert.

Am vorletzten Tag meines Aufenthalts hatte ich einen Kreislaufkollaps und fuhr vorzeitig nach Hause. Ich sperrte um 19 Uhr die Wohnungstür auf. Im Eßzimmer war ein Stuhl umgefallen, der Tisch war noch gedeckt und Reste der Jumboshrimps, die ich für meinen Geburtstag im Kühlfach hatte, lagen da in Knoblauchsauce auf einer Platte.

Aus dem Schlafzimmer tönte Rock-Musik. Ich ging wie in Trance hin, stieß die Tür auf, und da saß dieses Mädchen in meinem Bett, drinnen lief die Dusche, unter der Jakob stand. Ich begann wie besessen Gegenstände um mich zu werfen, der tropfnasse Jakob eilte notdürftig bedeckt herbei und – drückte mich aus dem Schlafzimmer und drehte den Schlüssel innen um. Das war das AUS. In diesem Moment war mir schlagartig klar, daß eine Epoche meines Lebens soeben zu Ende gegangen war.

Ich schlief in meinem Büro hinter der Rezeption und ging am nächsten Tag zum Anwalt.

Jakob sagte, ich solle nichts überstürzen, das sei eine kurze Episode. ER sei bereit, mit mir weiterhin zusammenzuleben.

Die Scheidung war für mich aber programmiert. Ich stellte mit dem Anwalt meinen Forderungskatalog zusammen. Selbstverständlich sollte er die Wohnung behalten, in der seine Familie schon seit Generationen lebte, aber ich müßte eine bequeme Kleinwohnung in der Stadt für Evi und mich bekommen. Ich forderte keinen Unterhalt, sondern nur angemessene Alimente für Evi und das anfallende Schulgeld.

Mein Gedankengang war, daß er alles tun würde, allein aus Betroffenheit, um diese Sache so schnell wie möglich zu einem Abschluß zu bringen, aber das war eine Fehlannahme. Er ließ mich über seinen Anwalt wissen, daß er »finanziell indisponiert« sei, dieses Vokabel hat er tatsächlich verwendet und mir nur eine Mietwohnung, aber keine Eigentumswohnung beschaffen kann. Er hat tatsächlich dieses unglaubliche Vokabel indisponiert verwendet.

Auf diesen Handel konnte ich mich natürlich nicht einlassen, ich arbeite in der freien Wirtschaft und bei einer Krise hätte ich große Probleme, mit Evi durchzukommen.

Es kam zu einer Verhandlung, der Richter war ein echter Pascha und meinte nur, mein Mann würde mir immerhin ein Dach über dem Kopf bieten. Der Kompromiß sah dann so aus, daß er uns eine Wohnung kaufte, allerdings nicht in der Stadt, sondern weit draußen, an der S-Bahn-Endstation. Das bedeutete für Evi, daß sie ihre Freunde verlor, ihr ganzes bisheriges Umfeld und jeden

Tag mit mir bereits 10 vor sieben in der Bahn sitzen muß, um rechtzeitig in der Schule zu sein. Ein Au-pair-Mädchen kann ich mir nicht leisten, so daß sie, bis ich um achtzehn Uhr zu arbeiten aufhöre, im Hort bleiben muß. Wenn wir die S-Bahn erreichen, sind wir 20 nach sieben daheim. Und dann müssen wir noch Ansagen üben, ein bißchen spielen, reden. Meist überdehne ich die Zeit, sie geht zu spät schlafen und wir schaffen es morgens kaum raus.

Seit meiner Scheidung sind zweieinhalb Jahre vergangen. Jakob lebt tatsächlich mit diesem jungen Mädchen zusammen. Evi ist einmal im Monat dort, sie erzählt erstaunliche Dinge. Die Betten sind meist Samstag mittag noch ungemacht, das Mädchen turnt zu Videokassetten, und Jakob kocht. Irgendwie verspüre ich Schadenfreude, aber für mich ist dieses Szenario unvorstellbar. Er muß verrückt geworden sein, oder ich war wahnsinnig, über all die Jahre seinem Perfektionswahn mein Leben zu widmen.

Heute ist mir mein früheres Leben total fremd, ich betrachte mich, wenn ich zurückblicke, wie eine andere Person. Ich muß jetzt zwar sehr diszipliniert sein, die Arbeitswoche ist total eingeteilt, aber alles, was ich tue, macht Sinn. Mit Evi habe ich jetzt eine sehr enge Beziehung, damals ist sie immer zu kurz gekommen, weil Jakob so unverhältnismäßig im Zentrum stand.

Die Wochenenden sind herrlich streßfrei, Evi ist oft bei Freundinnen eingeladen und ich mache ausschließlich, was mir gefällt. Ich bin seit einigen Monaten für unsere Vertragshotels in anderen europäischen Ländern als Koordinatorin zuständig und führe die Gespräche mit den dortigen Vertretern, wenn sie nach Wien kommen. Das sind oft sehr nette und interessante Menschen, wir gehen manchmal auch am Wochenende aus, ich zeige ihnen Wien und ich habe jetzt eine Einladung mit Evi nach Philadelphia. Das ist quasi halb-beruflich. Der Manager vom Hotel in Philadelphia ist wirklich sehr nett, zwei Jahre jünger als ich, unkompliziert und partnerschaftlich. Ich kann mir gut vorstellen, daß aus uns etwas wird. Er bemüht sich sehr, das merke ich schon allein daran, wie er versucht, Evi zu gewinnen. Ich bin aber trotzdem vorsichtig und lasse mir Zeit mit einer verbindlichen Beziehung. Endlich bin ich frei.

Renata, 40 Jahre. Renata ist seit 18 Jahren verheiratet, hat zwei Töchter, 15 und 9 Jahre, und einen Noch-Ehemann, der als Pharma-Referent in einem medizinischen Betrieb arbeitet. Sie ist eine sportliche Erscheinung, hat dunkle lange Haare und ein ruhiges, überlegtes Wesen.

Sie haben sich als Studenten an der Universität kennengelernt. Als Renatas Eltern verunglückten, gab sie ihr Medizinstudium auf und begann am Krankenhaus zu arbeiten. Ihr Verhältnis mit Claus, einem dynamischen und engagierten jungen Mann war zu diesem Zeitpunkt schon sehr eng, er war im letzten Semester seines Pharmaziestudiums. Er plante, ein Jahr im Ausland zu praktizieren und nach seiner Rückkehr ins Berufsleben einzu-steigen.

Ich war damals furchtbar verzweifelt und wollte ihn auf keinen Fall gehen lassen, ich dachte, ich habe meine Eltern verloren und wenn Claus weg ist, habe ich gar keinen Halt mehr, überhaupt kein eigenes Leben. Die Situation war nämlich die, daß ich mich sehr auf Claus konzentriert hatte und dadurch auch in eine ge-wisse Isolation geraten war.

Claus war irgendwie ratlos, er wollte unbedingt seine Pläne verfol-gen und sein Auslandsjahr machen, das spürte ich ganz deutlich. Er fand es auch falsch, daß ich mein Studium abbrach und über-stürzt in die Krankenpflege ging, aber ich hatte plötzlich diesen ungeheuren Drang nach Sicherheit. In dieser Situation wurde ich schwanger, nicht bewußt schwanger, aber ich habe es halt passie-ren lassen. Damit war das Chaos perfekt. Im Grunde war es das Ende unserer Beziehung.

Claus reagierte verstört. Er bot mir eine schnelle Heirat an, aber enthusiastisch war er nicht. Anschließend wollte er wie geplant in die Schweiz gehen, aber nur ein halbes Jahr, um bei der Geburt wieder zurück zu sein. Wir fanden eine kleine Wohnung, heirate-ten und Claus war weg. Ich hatte den Eindruck, er konnte gar nicht schnell genug wegkommen. Ich war mit den Vorbereitungen für das Baby und mit der Wohnung beschäftigt. Im 4. Monat montierte ich ein Bücherregal und stürzte von einer Trittleiter. Ich habe das Kind verloren. Claus kam angereist und war sehr einfühlsam.

Als er wieder abreiste, begann ich wie besinnungslos zu arbeiten. Wer auch immer Nachtdienste loswerden wollte, konnte sicher sein, daß ich umgehend einsprang.

Unser gemeinsames Leben folgte bald einer Routine, die mir nicht gefiel. Claus arbeitete sich energisch in der Firma nach oben, und ich war neben meiner Arbeit im Krankenhaus Mädchen für alles, ich mußte alles im Auge haben, die Verwandtengeburtstage, Einladungen, die Einkäufe und den Haushalt mit den Kindern sowieso. Ich führte ein sehr altmodisches Leben, das mir nicht gefiel. Andererseits sagte ich Claus auch nicht, was ich genau von ihm wollte. Warum nicht? Weil ich es selber nicht genau wußte.

Ich bekam schließlich doch ein Kind, das löste vorerst einige meiner Probleme. Ich blieb zu Hause, weil ich dachte, wenn ich schon eine traditionelle Ehe führe, dann aber richtig. Ein Grund war sicher, daß ich in meinem Beruf nicht besonders glücklich war. In der Zeit nach der Geburt haben Claus und ich einander sehr entfremdet, wir lebten ein ganz konträres Leben. Ich dachte an hausgemachte Vollkornkekse und ungebleichte Babywindeln, und er an die Expansion seiner Firma in das benachbarte Ungarn. Aber ich muß sagen, daß er immer großzügig war, ich habe zum Beispiel den Großteil seines Einkommens verwaltet, ich habe die Entscheidung getroffen, in ein kleines Reihenhaus zu ziehen, das hat er mir alles überlassen.

Die Jahre verliefen unspektakulär, und wir wünschten uns ein zweites Kind, da wir beide dachten, es sei für unsere Große nicht förderlich, als Einzelkind aufzuwachsen.

Ich war ja schon eine geübte Mutter, so daß ich mein zweites Kind unproblematisch und unbelastend erlebte. Ich war aber zunehmend unruhig, nicht weil ich unzufrieden war, sondern weil ich spürte, daß Claus nicht mehr zufrieden schien mit unserem Arrangement. Ich hatte aber nicht den Mut, ihn direkt daraufhin anzusprechen, denn was hätte ich ihm anbieten sollen: daß ich wieder zurück ins Krankenhaus gehe, sobald Lea in den Kindergarten kommt? Daß ich nie mehr nörgle, weil ich ohnehin genau das Leben führte, das mir eigentlich lag?

Heute sehe ich es ganz klar. Mein Mann ist sehr ambitioniert und hat mich so geliebt, wie ich damals war, als er mich kennenlernte, als fleißige junge Medizinstudentin mit einer eigenen Berufskarriere vor sich. Im Grunde war er durch meine einsamen Entschlüsse, das Studium abzubrechen, ad hoc eine Familie zu gründen, dann ganz für den Haushalt da zu sein, irgendwie paralysiert. Er selber hat eine sehr dominante Mutter gehabt und selten ihre Entscheidungen hinterfragt. Das Muster hat sich auf mich übertragen – mein Glück oder auch mein Pech. Hätte er von Anfang an seine Bedürfnisse und Einstellungen klar geäußert, wäre unser Leben ganz anders verlaufen. Ich habe immer Schutz gesucht im Leben, ich bin eher überbehütet aufgewachsen und vielleicht deshalb so schnell in eine Beziehung »untergeschlüpft«.

Und dann flog ich selbst hochkantig aus meinem gemütlichen Nest. Als Rike sechs war, erklärte mir Claus, daß er unsere Leben trist findet, daß er zwar keine Freundin habe, aber nicht mehr mit uns weiterleben möchte. Schockierend war seine Eingangsfrage bei diesem Gespräch. Er sagte: ›Kannst du dich erinnern, wann wir das letzte Mal miteinander geschlafen haben?‹ Es war knapp vor Schulschluß und ich murmelte irgendetwas von »um Ostern herum«, worauf er meinte, er wüßte es nicht einmal mehr so genau. Ich war gekränkt, aber entschlossen, so zu tun, als ob nichts passiert wäre und einfach wieder in den üblichen Bahnen weiterzuleben.

Dann kam der nächste Schock, die Firma von Claus kam in Turbulenzen, er mußte sehr viel mehr arbeiten und entschloß sich, die Zweigniederlassung in Budapest zu betreuen, ein echter Karrieresprung für ihn und gleichzeitig der ideale Absprung von zu Hause.

Unsere Trennung ist zwar noch nicht durch, aber real leben wir bereits getrennt. Es wurde nicht mehr weiter groß besprochen, die offizielle Version den Kindern gegenüber war, Claus arbeitet in Budapest und kommt alle zwei, drei Wochen nach Hause. Dann deponierte er seine Wäsche bei mir, die ich zwei Tage später gewaschen und gebügelt in seinen Koffer schlichtete, packte die Mädchen in sein Auto und fuhr mit ihnen im Sommer auf die Donauinsel oder im Winter ins Eislaufstadion. Unsere Kommunikation beschränkte sich nur mehr auf organisatorische Details, ich begann zusehends darauf zu achten, mir Treffen zu vereinbaren, um die gemeinsamen Abende mit Claus zu vermeiden, auf die er sichtlich auch keinen großen Wert mehr legte.

Durch Zufall traf ich eine alte Bekannte, die mir klagte, daß ihre Tochter Medizin studiert und schreckliche Probleme mit dem Anatomie-Stoff hätte. Das war genau das Rigorosum, das ich damals noch an der Uni erfolgreich absolviert hatte, bevor ich aufgab. Ich erklärte mich bereit, Ilse ein bißchen auf die Sprünge zu helfen. Eines Tages erschien sie mit ihren Unterlagen bei mir, wir gingen stundenlang alles durch, und ich hatte solchen Spaß daran, daß ich gar nicht merkte, daß das arme Mädchen schon gar nichts mehr aufnehmen konnte und aus Höflichkeit ausharrte. Meine Tochter, die bei einer dieser Pauk-Sitzungen dazustieß, sagte: ›Mami, wieso studierst du nicht wieder? Du hast ohnehin nichts mehr zu tun und so alt bist du noch gar nicht!‹

Mit diesem Satz nahm mein Leben eine neue Wende. Meine 14jährige Tochter teilte mir mit, daß ich in ihren Augen ohnehin nichts zu tun hatte.

Ich hatte auch wirklich Feuer gefangen beim Lernen mit Ilse und ich dachte, es sei doch einen Versuch wert. Ilse nahm mich unter ihre Fittiche, schleppte mich in die Hörsäle zu den einzelnen Veranstaltungen. Ich ging dann zu den diversen Professoren, und es ging ganz leicht wieder zurück in die alten Bahnen. Sie waren so nett zu mir, ich hatte den Eindruck, daß mir schon seit Jahren niemand mehr so interessiert zugehört hatte. Mir wurden die Sezierkurse und einige andere Prüfungen, die ich bereits von früher hatte, sogar angerechnet. Als ich als ordentliche Studentin wieder im Hörsaal saß, wußte ich, daß ich – vielleicht nicht gerade zum richtigen Zeitpunkt – aber immerhin zumindest am richtigen Ort war.

Meine Familie reagierte sehr verständnisvoll, oder besser erleichtert. Ich glaube, ich muß ihnen sehr auf die Nerven gegangen sein mit meiner ständigen Präsenz und meiner unermüdlichen Betreuungsbereitschaft. Die Mädchen sind absolut kooperativ und zunehmend selbständig.

Vielleicht wirke ich für einen außenstehenden Beobachter lächerlich. Ich sitze mit 40 an der Uni herum, schließe in einem Alter meine Grundausbildung ab, in dem andere schon ihre Facharztpraxis etabliert haben, weiß eigentlich gar nicht, ob ich noch eine passable Anstellung finde – und trotzdem. Ich möchte keine Sekunde mehr tauschen.

Claus ist seither viel umgänglicher geworden, ich glaube, ich bin in seiner Achtung gestiegen, da ich mich doch noch aufgerafft habe, etwas Konstruktives zu machen. Er selbst ist ja auch sehr ehrgeizig. Irgendwie ist mir, als ob ich aus einem Dämmerschlaf erwacht wäre. Ich habe dahingedöst, und mein Leben ist mittlerweile vergangen.

Hätte ich mein Leben von Anfang an so durchgezogen, wie ich es heute tue, würde ich ganz anders dastehen. Jetzt muß ich mit Claus aushandeln, wieviel Geld ich bekommen soll bei der Scheidung, die ja doch ansteht. Ich bin sehr zuversichtlich, daß alles seinen zivilisierten Gang nehmen wird.

Meine Beziehungen haben sich insgesamt schlagartig verbessert. Wenn ich jetzt morgens aufstehe, weiß ich, warum. Ich habe ein Ziel und wenig Zeit, zwei Dinge, die in dieser Konstellation in den letzten 18 Jahren meines Lebens eine relativ geringe Rolle spielten. Es kann jetzt nur mehr besser werden, das weiß ich ganz bestimmt.

Die vier Frauen, die wir hier kennenlernten, haben eine Reihe von Gemeinsamkeiten. In allen Fällen war von Anfang an für interessierte Beobachter/innen – aber auch für die Frauen selbst – ersichtlich, wo der verhängnisvolle Schwachpunkt ihres Partners in spe lag. Der Prozeß des Scheiterns, wie wir ihn zuvor beschrieben haben, begann mit der Partnerwahl.

Lisas große Liebe ist ein Luftikus, finanziell ungeschickt und unorganisiert und zudem ständig auf Aufriß. Als Sommerflirt und zur Erweiterung der Französisch-Kenntnisse eignet er sich gut. Aber als Ehemann? Er selbst sieht sich nicht in dieser Rolle. Lisas Eltern sehen ihn auch nicht in dieser Rolle. Nur Lisa bildet sich ein, daß sie ihn in eine Verbindlichkeit hineindrängen könne, »die ihm von seinem Wesen insgesamt völlig fremd war«.

Lisa geht schrittweise vor. Zuerst muß er, obwohl er das nicht möchte, ihren Eltern vorgestellt werden. Dann reist sie ihm nach und arbeitet sich in sein Leben und seinen Alltag hinein. Dann wird sie schwanger, sie »weiß nicht wie«, trotz »aller nötigen Vorkehrungen« – dies ist bezweifelbar. Ihr Freund will kein Kind, doch auch darüber setzt sie sich hinweg. Mit Unterstützung ihrer Eltern preßt sie ein Eheeinverständnis aus ihm heraus.

Nun hat Lisa erreicht, was sie erreichen wollte. Daß die Sache irgendwie schief ist, scheint ihr nicht aufzufallen. Sie will »um jeden Preis glücklich sein«, doch der – in ihren Augen – unbedingt notwendige Mitspieler fühlt sich in eine Rolle gedrängt, die »nichts mit ihm und seinen eigenen Vorstellungen zu tun hatte«.

Lisa geht mit dieser Situation noch vergleichsweise sehr gut um. Zumindest zwei Teile ihres Lebens, die Mutterschaft und die Arbeit, kriegt sie gut hin. Einige ihrer persönlichen Eigenschaften, wie Dynamik, Geschäfstüchtigkeit, Energie lebt sie im Betrieb ihres Mannes und später in einem eigenen handwerklichen Betrieb gut aus.

Nur die ganz persönliche Beziehungssache rumpelt auf der schiefen Ebene weiter. Immer noch werkt sie am Partner in der vergeblichen Hoffnung, aus ihm etwas anderes zu machen, als er ist und sein kann. Obwohl sie es als entwürdigend erlebt, konkurriert sie mit seinen jungen Geliebten. Erst als ihre Eltern zu Besuch kommen und sie die Lage durch deren Augen sieht, erkennt sie die Tatsachen: daß aus dieser Ehe, die schon unter schlechten Auspizien geschlossen wurde, nichts Gutes geworden ist.

An Lisas Beispiel erkennen wir die ambivalente Beziehung zwischen Stärke und Schwäche, die viele Beziehungen charakterisiert. Der Mann ist älter – in diesem Fall sogar viel älter – und scheint weltgewandter und souveräner. Lisa operiert bewußt mit ihrer schwächeren Situation: sie ist jünger, sie ist von ihren Eltern und deren Meinung abhängig, sie ist schwanger. Sie verschanzt sich hinter ihrem Freund, wenn sie sich gegen die Eltern durchsetzen will und hinter den Eltern, um sich gegen ihren Freund/Mann zu behaupten. Das sind Taktiken, die wir verschieden beurteilen können und die, angesichts der tatsächlich ungleichen Machtverhältnisse zwischen Männern und Frauen, auch ihre Berechtigung haben können. Die wirkliche Frage betrifft das Ziel, dem diese Taktik dient. Und in Lisas Fall ist das Ziel, wie sie selbst weiß, schon von vornherein ein fragwürdiges.

Wie kommt eine intelligente Frau wie Lisa in die Lage zu glauben, sie könnte sich einen zögerlichen Mann zu einem Traumpartner hinbiegen? Schuld hat zu weiten Teilen wieder die bekannte Frauenkultur. In der Literatur der Frauenkultur sind charmante Männer, die sich flirtend durchs Leben bewegen und für viele Frauen attraktiv sind, eine häufige Standardfigur. Dann verlieben sie sich in die Eine, Richtige und werden ganz anders. Erst diese Frau ist in der Lage ihnen überhaupt klarzumachen, was sie wirklich wollen und worin ihr Glück wirklich besteht. Schockartig wird diesen Männern – in der Fantasie, im Roman – klar, daß diese Frau, dieses Kind das Kostbarste in ihrem Leben ist. Fortan sind sie wie ausgewechselt.

Die verändernde Kraft der Liebe zur einen, richtigen Partnerin ist eine Grundfeste der Frauenlegenden und der Frauenliteratur. Wir können diesen Gedanken als den Grundpfeiler der weiblichen Romantik überhaupt beschreiben, tausendfach in Herzschmerzromanen der gehobenen wie der simplen Variante verarbeitet. Er ist verstockt, geheimnisvoll, finster – er verliebt sich, sein tragisches Geheimnis enthüllt sich und er ist ab nun herzlich, offen und toll. Er ist untreu, ständig auf Aufriß, bis er SIE kennenlernt und nur noch Augen für seine eine, wahre Liebe hat.

Was Frauen alles tun im irrigen und irrwitzigen Bann ihrer Liebeslegende, sehen wir bei Pia. Auch hier wird »hierarchisch« geheiratet, wie es der Legende entspricht. Der Mann soll älter, größer, reicher, wichtiger sein als die Frau. Die Frauen machen mit, und nachdem sie für möglichst ungleiche Startbedingungen gesorgt haben, ärgern sie sich über ihre Ungleichheit. Wie auch immer, Pia heiratet also einen Mann, der in seiner beruflichen Ausbildung und in seinem Ego schon viel weiter ist. Sie erlaubt es ihm, sie und ihre Anliegen als unbedeutend zu klassifizieren und arbeitet aktiv an diesem Ungleichgewicht mit, indem sie sich zu seiner Assistentin und Sekretärin macht. Obwohl sie wertvolle Fremdsprachenkenntnisse hat, setzt sie sich als seine unbezahlte Schreibkraft ein.

Nur in den Zeiten, in denen er weg ist, kann sie sich schnell ein paar Zentimeter vorwärts bewegen. Wenn er da ist, macht sie alles mit, was ihm in den Sinn kommt. Daß er sich vollständig von der Versorgung der mittlerweile drei gemeinsamen Kinder entläßt, toleriert sie nicht nur, sie leistet ihm dazu auch noch Beistand. Sie bringt ihm sein Essen an den Arbeitsplatz, damit er auch nachts nicht heimkommen muß. Seine Position als Familienoberhaupt untermauert auch sie mit ritualisierten Gesten, die aus der Zeit der Jäger und Sammler stammen: er bekommt das größte Stück Bison, d. i. modernisiert die doppelte Portion Tafelspitz.

Heute ist Pia eine Person, die auffällt und einem in Erinnerung bleibt. Mit ihren 54 Jahren radelt sie schlank und energisch durch München, die Haare streichholzkurz und rotgesprenkelt gefärbt. Sie spricht geistreich und amüsant und bewältigt die Auf und Abs ihrer eigenen Biografie rückblickend mit viel Humor. Sie ruht in sich, hat Meinungen, wirkt sehr gefestigt; kaum zu glauben, wie sie früher mit sich herumspringen, wie sie sich früher einschränken ließ.

Pia hat es absolut geschafft, ihrem Leben eine totale Wende zu geben. Aufbauen konnte sie dabei in erster Linie auf sich selbst – sie war in Wirklichkeit eine starke und lebensfrohe Person. Sie hatte berufliche Qualifikationen und einen großen Bekanntenkreis. Sie war bereit, über ihre Situation offen zu sprechen, statt sich verschämt zu verkriechen. Der Beziehungsabbruch durch ihren Mann stürzte sie nicht in eine Depression, sondern erweckte sie aus ihrem langjährigen Trancezustand; sie fiel nicht hinunter, sondern hinauf.

Und Marie. Als sie Jakob kennenlernt, sieht sie ihn ganz klar – und verschließt schnell die Augen vor ihren Einsichten. Er ist reserviert, streng, altmodisch. Er ist knauserig und ohne Gespür für die Situation seines Gegenübers. Denn man kann sich zwar beim Rendezvous die Rechnung teilen, nicht aber, wenn die eine Seite eigenmächtig ein so teures Lokal wählt, daß die andere Seite dafür ein Viertel des Monatsgehalts hinblättern müßte. Er ist indifferent, die Initiative obliegt Marie. Das hätten »Warnsignale« sein können, meint sie heute, und waren es auch, denn schon damals fiel ihr das alles negativ auf. Sie zog es aber vor, sich darüber hinwegzusetzen.

Auch hier wieder die hierarchische Beziehung. Er ist international reisender Geschäftsmann, sie Empfangsdame im Hotel. Er beeindruckt sie als Mann von Welt. Von Anfang an läßt sie sich niedrigstufen. Jakob macht kein Geheimnis daraus, daß er sie aus Gründen der Bequemlichkeit heiraten will, weil sein Haushalt nach dem Tod der Mutter unorganisiert ist. Trotz ihrer eigenen Berufstätigkeit übernimmt sie die Alltagspflichten, kauft ein, kocht, putzt – und zwar nicht irgendwie, sondern in einem sehr hohen, mitunter schrulligen Standard. Ihre Beschreibung des häuslichen Ablaufs ist einfach grotesk. Man weiß gar nicht, wie man das Verhalten von Marie beschreiben soll; sie stellt nicht nur Vorleger zum Fußabstreifen hin, sondern sie ist selbst einer. Da sie sich wie ein Möbelstück verhält, kann Jakob sie auch wie eines behandeln und seine Liebesaffären unmittelbar vor ihren Augen ausleben.

Auf der Grundlage dieser drei Frauen können Sie Renatas Geschichte nun schon selbständig auswerten. Lesen Sie ihre Aussagen noch einmal und streichen Sie an, was Ihnen bei Renata auffällt.

Zum Vergleich: uns fällt auf, daß sie keinen Respekt zeigt vor den Plänen, dem Wesen, den Wünschen des Mannes, den sie sich als Partner ausgesucht hat. Er will fertigstudieren, dann will er ins Ausland. Renatas eigener Plan, das Medizinstudium, wird durch den Unfall ihrer Eltern aus dem Lot gebracht. In ihrer verständlichen Aufwühlung sucht sie »Sicherheit«: in einem schnellen Berufseinstieg, einer verbindlichen Beziehung, in einer Schwangerschaft. Ihr Freund versucht, sie von diesen Kurzschlußhandlungen abzuhalten und ihr den Studienabschluß nahezulegen. Das ist ein guter Rat: in einer Krisensituation sollte man versuchen, so viele Stabilitätsmomente wie möglich zu behalten, und eine gute Berufsausbildung gehört auf jeden Fall dazu. Doch Renata sucht Stabilität auf der weiblichen Schiene, in der Person von Claus. Sie will ihn an sich, und sich an ihn binden.

Diesen Plan verfolgt sie in den nächsten Jahren. Es ist ihr Plan; Claus macht mit, aber unenthusiastisch. Er überläßt ihr den Familienbereich, den sie dringend wollte. Es bremst ihn, und das nimmt er ihr übel; sie ist nicht mehr die Partnerin, die er kennenlernte und sie leben nicht mehr nach dem Plan, der anfangs vorgesehen war und den auch er wollte.

Erst nach vielen Jahren ergreift Renata echte Schritte, um sich aus dem selbstgebastelten Eck wieder herauszubewegen. Sie entdeckt, daß die Medizin sie noch immer fasziniert; sie erkennt, daß sie für ihre Kinder keinesfalls so unentbehrlich ist, wie sie dachte; sie steht vor dem Ende ihrer Ehe. Es ist höchste Zeit, etwas zu unternehmen. Die dazwischenliegenden Jahre beschreibt sie als »Dämmerschlaf«.

Der größte Fortschritt für Frauen läge nicht in gleichen Gehältern und vielen Führungspositionen – obwohl wir auch die haben wollen, sollen, müssen –, sondern in einer Korrektur der absurden weiblichen Lebenslegende. Wir müßten aufwachen. Ein Mann, der gern flirtet, ist ein Mann, der gern flirtet und höchstwahrscheinlich immer gern flirten wird. Wenn Sie das stört, wenden Sie sich lieber gleich von ihm ab. Ein Mann, der auf viele Beziehungen von kurzer Dauer zurückblickt, wird möglicherweise ab nun bis in das Pensionsalter hinein treu und glücklich mit Ihnen leben – aber wir würden diesbezüglich keine Wetten abschließen. Wenn Ihr erster Eindruck von ihm ist, daß er arrogant, selbstsüchtig, bieder usf. ist, und wenn das Eigenschaften sind, die sie eigentlich nicht mögen, dann nehmen Sie besser rechtzeitig Abstand. Rechtzeitig heißt, bevor sie sich verliebt, bevor sie ihn geheiratet, bevor sie mit ihm Kinder bekommen haben.

Die Psychotherapeutin Laura Schlessinger vergleicht Frauen, die an die große Veränderbarkeit der Männer glauben, mit einem Menschen, der Lust auf chinesisches Essen hat und in ein italienisches Lokal geht. Er bleibt dort 5 Jahre lang sitzen und beschimpft immer heftiger den Chef, der ihm kein chinesisches Essen auftischt.

Kapitel 11

Was einige Experten dazu sagen

Mein Mann ist Manager (Arzt, Professor, etc.) und hat einfach objektiv einen sehr, sehr langen Tag. Er kann mir mit den Kindern nicht helfen, auch wenn er es wollte. Ich mußte meine Arbeit aufgeben. Er ist fast nie da, das stimmt schon, aber er kann nicht anders – in seinem Beruf ist das einfach so.

Mit solchen oder ähnlichen Worten entlassen Frauen ihre Männer aus der Verantwortung. Sie leiden darunter, daß sie ihre eigene – oft auch sehr qualifizierte – Berufstätigkeit aufgeben mußten, daß ihre Kinder den Vater nie sehen, daß er sich von ihnen entfremdet, statt zu ihnen eine Beziehung aufzubauen. Doch sie akzeptieren den vermeintlichen Sachzwang.

Unser erstes Statement kommt von einem Mann, der auch einen einigermaßen zeitintensiven Beruf hat: er ist Minister, und zwar der österreichische Wissenschaftsminister Dr. Rudolf Scholten. In Wien ist er dafür bekannt, daß man ihn oft mit seiner kleinen Tochter sieht. Seine Frau, Ärztin, übt ihren Beruf nach wie vor aus. Es hat uns also interessiert, wie er die Lage beurteilt.

Wissenschaftsminister Dr. Rudolf Scholten:
Wenige Dinge sind mir wichtiger als meine Tochter und meine Frau.

Als wir zum Gespräch in sein Ministerbüro kommen, sitzt er auf seiner Amtsgarnitur und blickt uns gottergeben an. Er weiß nur, daß wir mit ihm über sein Familienleben sprechen wollen. Daher glaubt er auch schon zu wissen, was wir ihn fragen werden, denn alle Journalisten fragen ihn das, immer: sie fragen ihn, ob er sein Kind eigentlich schon einmal gewickelt hat. Schon hundertmal hat er sich diese Frage anhören müssen. Schon richtig traumatisiert ist er von dieser Frage, die offenbar zum (bescheidenen) Gradmesser der modernen Vaterschaft geworden ist. Gewickelt! Engagierter Vater. Nicht gewickelt! Vater von vorgestern.

Benard/Schlaffer: Das fragen wir Sie bestimmt nicht, das käme uns auch viel zu bescheiden vor, wenn man sich nur damit zufrieden gäbe. Es gibt noch ein paar andere Sachen, die auch zur Kinderversorgung gehören.

R. Scholten: Wieviel welcher Elternteil gut macht, das halte ich für die falsche Eisbergspitze. Bei uns verläuft es auch nicht zu 50/50. Doch gerade deswegen ist es gut, daß es durch unsere berufliche Situation keine andere Option gibt, als die Elternschaft zu teilen. Meine Frau ist Spitalsärztin und hat Nachtschichten. Dann bin ich zuständig für den Gesamtdienst. Es gibt Väter, die sich die Tätigkeiten aussuchen, die sagen, das und jenes mache ich prinzipiell nicht. Das ist bei uns schon rein technisch nicht möglich, weil meine Frau dann gar nicht da ist.

Benard/Schlaffer: Viele der sogenannten neuen Väter haben zu ihren Kindern in erster Linie eine Spielbeziehung.

R. Scholten: Es gibt sogar immer noch Väter, die ihr Kind nicht wirklich anfassen können. Es geht schon darum, ob man als Vater das ganze Kind erlebt oder nur das ballspielende Kind. Es ist ein aufschlußreiches Erlebnis, das Kind auch mal in einer Kampfsituation zu wickeln, wobei ich nicht den Kampf gegen das Kind meine, sondern den Kampf gegen die Umstände: z. B. am Klo einer Galerie.

Benard/Schlaffer: Schon Männer in weniger anspruchsvollen Jobs klagen, daß sie ja gerne tun würden, aber einfach nicht wegkönnen. Wie geht das dann bei Ihnen?

R. Scholten: Die berufliche Phase spielt eine große Rolle dabei, wie gelassen man die Elternschaft erlebt. Es ist viel einfacher, so wie ich als 39jähriger ein zweieinhalbjähriges Kind zu haben. Man ist beruflich stabilisiert, kennt seine Prioritäten, hat eine gewisse Infrastruktur. Das gilt auch für Frauen. Insofern ist ein qualifizierter Beruf eher ein Vorteil, man hat eher mehr als weniger Bewegungsfreiheit.

Benard/Schlaffer: Wie passen Ihre unterschiedlichen Lebensbereiche, privat und politisch, also zusammen?

R. Scholten: Für mich selbst habe ich eine klare Rangordnung: wenige Dinge sind mir wichtiger als meine Tochter und meine Frau. Doch das müßte man im politischen Alltag einmal als Punkt einbringen. Denn alle erklären dir, wie intensiv du dich im Familienleben einbringen sollst und wie gut sie es finden, daß du deine Vaterrolle ernst nimmst. Doch dann teilen dieselben Leute dich für einen Abendvortrag oder eine späte Sitzung ein. Dann heißt es plötzlich: ›Schau halt, daß irgend jemand auf die Kleine aufpaßt, weil das ist heute wichtig.‹

Professor Max Friedrich, Kinder- und Jugendpsychiater:
Der Klingelprinz steht sicher nicht an der Tür.

Professor Max Friedrich erzählt uns, was für ein Leben nach der Scheidung wichtig ist.

Für das Leben nach der Scheidung ist ganz entscheidend, WIE das Verfahren abgeschlossen wurde. Wenn Kinder involviert sind, plädiere ich für ein möglichst hohes Besuchsrecht und habe dafür folgende Formel entwickelt: 14/1 und 1 plus 3. Es muß der Kontakt alle 14 Tage für ein Wochenende gewährleistet sein und in der besuchsfreien Woche ein Tag oder ein Halbtag wahrgenommen werden. Weiters 1 Woche gemeinsame Winterferien mit dem Kind und 3 Wochen im Sommer, das ergibt eine Summe von 122 Tagen, immerhin macht das ein Drittel des Jahres aus.

Mit dieser Botschaft kann etwas weitergehen, bei einer Verpflichtung in diesem Ausmaß muß man auch Verantwortung übernehmen. Dann gehört es automatisch dazu, mit dem Kind auch einkaufen zu gehen, wenn es aus der Hose rausgewachsen ist.

Natürlich ist die Frau in einer unvergleichlich schlechteren Position nach der Scheidung als der Mann, weil sie mitten in ihrer Dreifachbelastung sitzt. Obige Regelung ist nicht nur für das Kind gut, sondern auch für die Frau ganz entscheidend, weil sie dadurch die Möglichkeit hat, auch noch ein bißchen leben zu dürfen und sich natürlich auch noch umschauen zu dürfen, ob es in der Welt noch einen anderen Mann geben könnte als den, von dem sie sich gerade getrennt hat.

Die Frauen sind nach einer Scheidung viel sensibler, weil sie sich entsprechend unserem Rollenverständnis auch heute noch viel weniger vorstellen können, ein paar Männer einfach auszuprobieren und sie eventuell sogar ihren Kindern vorzusetzen. Die Männer hingegen gefallen sich in dieser Rolle sehr.

Der »Klingelprinz« steht sicher nicht an der Tür, die Frau muß ihn schon suchen, dafür braucht sie Zeit, und Zeit hat sie nicht, wenn sie immer auf die Uhr schauen muß, weil der teure Babysitter daheim wartet. Dann ist sie in der Situation, wie in der Pubertät vor 24 Uhr wieder schnell heimlaufen zu müssen.

Unterrichtsministerin Elisabeth Gehrer:
Frauen wollen 100 % perfekt sein.

Zur neuen Ministerriege Österreichs gehört die resolute, zielstrebige Elisabeth Gehrer. In ihrem Statement denkt sie darüber nach, welche Schlußfolgerungen aus ihrem eigenen Lebensweg und aus ihrer Beobachtung von Frauen in der Politik zu ziehen sind.

In unserer Partei setzt man jetzt ausdrücklich auf Frauen. Das basiert wohl auf der langsamen Erkenntnis, daß es ohne Frauen nicht geht. Ich habe das Gefühl, daß ein echtes Umdenken stattfindet. Ob das gerne gemacht wird, kann ich nicht beurteilen, es ist mir auch egal. Hauptsache, es wird gemacht.

Ich war ursprünglich Lehrerin, dann zogen wir aufs Land, ich bekam drei Kinder, Söhne. Ich war 15 Jahre lang sozusagen daheim, aber in Wirklichkeit bin ich nicht lang daheim herumgesessen. Es gibt überall etwas zu tun, in meinem Fall waren es die Pfadfinder, für die ich mich engagierte. Man muß immer auf dem Weg sein.

Auch in dieser Zeit habe ich grundsätzliche Dinge gelernt. Ich habe zum Beispiel gelernt, daß man sich nicht prophylaktisch Sorgen machen soll. Dann habe ich noch gelernt, daß man es deutlich sagen muß, wenn man etwas gerne möchte. Es hilft nichts, wenn man sich drei Tage lang grämt. Der Mann merkt von selbst nichts, er merkt überhaupt nichts. Und diese Einsicht ist auch auf andere Bereiche übertragbar.

Ich habe nie gesagt, ich will Politikerin werden. Es hat sich ergeben. Ich wurde rekrutiert, zuerst auf Gemeindeebene. Dazu übrigens eine Anekdote aus dieser meiner politischen Anfangszeit. Ich war gerade Obfrau geworden. Mein zweiter Mann wäre dann Herr Obfraustellvertreter geworden, und das ging ja nicht. Man soll es nicht glauben, aber darüber gab es tatsächlich eine echte Diskussion. Man einigte sich dann auf: Stellvertreter.

Jedenfalls ist eines ganz wichtig: man muß Gelegenheiten beim Schopf packen. In der Politik z. B. wird man EINmal gefragt, und dann kann man ja oder nein sagen. Nicht vielleicht oder später oder ich muß zuerst einen Kurs machen, weil ich noch nicht gut genug bin. Das ist typisch für Frauen und ihr Verhängnis. Männer können immer alles. Frauen zweifeln.

Frauen wollen 100 % perfekt sein. Sie sagen, WENN ich mittu, will ich zu 100 % dabei sein. ICH sage: das ist Blödsinn. Dahinter steht nur Unsicherheit. Und gut, das hat Gründe. Wenn man 300 Jahre lang hört, die Männer gehören nach vorn, die Frauen gehören nach hinten, dann hat man eben diese Unsicherheit.

Du darfst in der Politik auch kein großes Harmoniebedürfnis haben. Mit der Qualifikation hat es jedenfalls nichts zu tun. Man sieht es ja bereits, wenn man will, findet man Frauen. Ich sage immer, in der Politik haben wir heute 80 % Quotenmänner.

Brigitte Rollett, Psychologin:
Kinder sind heute nicht mehr stolz auf ihre Mutter, wenn sie nur Hausfrau ist.

Frau Professor Brigitte Rollett von der Universität Wien ist eine Kapazität im Bereich der Entwicklungspsychologie. In ihrer Beratungstätigkeit hat sie laufend mit Familien und Müttern zu tun, die von den Folgen einer Scheidung betroffen sind. Was empfiehlt sie einer Frau, die einen Lebensabschnitt hinter sich läßt und einen neuen beginnt?

Benard/Schlaffer: Was kann eine Frau tun, um zu erreichen, daß aus einer Scheidung für sie auch wirklich ein Wendepunkt – zum Besseren – wird?

B. Rollett: Die erste positive Sache an einer Trennung kann natürlich sein, sie bedeutet das Ende des Kampfes. Beachten muß eine geschiedene Mutter, daß sie selbst einen Freiraum hat. Einen neuen Bekanntenkreis, Zeit, die sie nicht nur mit dem Kind verbringt. Sie muß Leute einladen, in welchem Rahmen ihr das eben möglich ist. Sie kann ja Cola servieren, es muß ja nicht ein Sektbuffet sein; wie sie es sich leisten kann, soll sie es machen. Sie soll sich mit anderen Frauen zusammentun zu Babysittergemeinschaften. Und besonders wichtig ist der berufliche Wiedereinstieg. Da muß die Frau vielleicht erfinderisch sein, muß Anknüpfungspunkte suchen. Vielleicht kann sie in ihrer alten Firma arbeiten, aushilfsweise am Samstag, wenn sonst niemand möchte.

Benard/Schlaffer: Bei den meisten Frauen, mit denen wir sprachen, war relativ viel Bewußtsein da über die Bedürfnisse von Kindern nach einer Scheidung. Auch wenn sie es nicht umsetzen können, sie lesen in Frauenzeitschriften und besprechen mit Freundinnen, wie sie es machen sollen. Die Männer werden durch die Botschaften und Belehrungen nicht einmal erreicht.

B. Rollett: Die Teilnahme der Väter ist begrenzt geblieben. Man kommt auch schwer an sie heran mit Bewußtseinsbildung.

Benard/Schlaffer: Genau, denn in der Sportsendung kommt das nicht vor.

B. Rollett: Müßte es vielleicht. Man müßte vielleicht zeigen, wie ein Sportheld sein Kind betreut. – Ein gewisser Teil ist doch auch biologisch. Das kann man drehen wie man will, die Bindung zur Mutter ist enger. Wir haben in einer Studie 175 Paare vor der Geburt ihres Kindes interviewt; die Männer gelobten, dieses Kind auch versorgen zu wollen. Drei Monate später, als wir sie erneut aufsuchten, machte die Mutter alles. Über diese Versorgung wird die Beziehung innig; Kontakt schafft eben Sympathie oder sagen wir lieber, Sympathie entsteht nicht ohne Kontakt.

Wir haben herausgefunden, daß das Minimum an Zeitaufwand für einen guten Kontakt zum Kind ein halbe Stunde pro Tag ist.

Das heißt, das Kind muß mindestens eine halbe Stunde lang die volle Aufmerksamkeit des Erwachsenen bekommen.

Benard/Schlaffer: Die Lebensplanung von Frauen ist immer noch sehr vom Privatleben dominiert.

B. Rollett: Es ist keinesfalls ideal, wenn ein Kind nur mit der Mutter zusammen ist. Viel besser sind mehrere Bezugspersonen, zu denen das Kind eine gute Beziehung hat. Wenn Verwandte nicht zur Verfügung stehen, können das auch Freunde sein. Hingegen werden in diesen ausschließlichen Mutter-Kind-Einheiten lebensunfähige Kinder erzeugt. Sie werden unselbständig, und gleichzeitig ist auch die Mutter so angehängt, daß sie sich nicht entfalten kann.

Benard/Schlaffer: Trotzdem sind es, wie Sie schon sagten, de facto die Frauen, die das Kind nach der Geburt »übernehmen«.

B. Rollett: Dann ist es wichtig, in dieser Familienphase nicht ganz aus dem Beruf auszusteigen. Man sollte Kurse besuchen, bei einer Messe aushelfen, das mindeste wäre, daß man relevante Bücher liest ... Es gibt ja auch Frauen, die dann behaupten, sie kämen durch das Kind nicht einmal mehr zum Lesen. Und das ist schlicht nicht wahr, wer lesen will, kann.

Benard/Schlaffer: Bis jetzt klingt es nicht so, als ob sich für Frauen sehr viel geändert hätte.

B. Rollett: Doch! Die wichtigste Veränderung betrifft die weibliche Berufstätigkeit. Früher war das nahe am Verworfensein, »die Engel weinen«, wenn eine Mutter daran dachte, berufstätig zu sein. Heute ist es sehr anders. Das geht so tief, daß Kinder heutzutage nicht mehr stolz sind auf ihre Mutter, wenn die nur Hausfrau ist. Wir müssen diese Frauen dann oft trösten ...

Benard/Schlaffer: Ein großes Problem in unseren Interviews war die Schwierigkeit der Frauen, nach einer Trennung mit ihrer – manchmal sehr berechtigten – Wut umzugehen. Sie WOLLTEN gern mit der Vergangenheit abschließen und mit dem Vater ihrer Kinder einen neuen, neutralen Umgang finden, aber sie konnten einfach nicht vergessen, was er ihnen angetan hatte.

B. Rollett: Dieses Problem ist alleine nicht zu lösen, das geht nur mit einem Therapeuten, einer Therapeutin. Der Freundeskreis ist hier nicht nützlich, die reden einem meistens noch zu, das bringt keinen besseren Durchblick. Sicher gibt es auch eine berechtigte Wut. Aber: die richtigen Maßnahmen ergreifen, die richtigen Entscheidungen treffen, das ist die eine Sache. Wütend oder traurig sein, das ist die andere. Wer in der Emotion ist, handelt nicht adäquat. Man muß in die Lage versetzt werden, zu trennen.

Therapeutische Hilfe kann auch immunisieren, gegen das nächste Schreckliche, das einem dieser Partner, dieser Expartner antun könnte. Wir denken gemeinsam nach: was könnte er dir noch antun. Was wäre ein worst-case scenario?

Die Wut muß verarbeitet werden, aber man kann nicht aus der Wut heraus handeln. Die Wut hat übrigens ja auch einen Sinn, sofern sie die Person aus der Depression rettet.

Man muß versuchen, seine Situation möglichst so zu ordnen, daß man unabhängig weiterleben kann. Wenn der verlorene Partner wirklich sehr schwierig ist, muß ich versuchen, als Therapeut an ihn heranzukommen. Dazu muß ich den richtigen Ansatzpunkt finden. Wenn es ein Mensch ist, für den Geld immer ein Konfliktanlaß ist, dann kann ich sagen: Überlegen Sie, was es kostet, wenn Ihr Kind durch diesen ganzen erlebten Druck ein Versager wird. Überlegen Sie, wie weit Sie dann zur Kassa gebeten werden für mehr Unterhalt, für Schulgeld für Spezialschulen usw. Oder wenn er sehr auf die Leute achtet, kann man sagen: Sind Sie sicher, daß Ihr Verhalten nicht publik wird? Bei ganz besonders resistenten Personen hilft es manchmal zu fragen: Was ist, wenn Sie einmal älter werden? Sie werden 60 oder 70 sein, und wer sorgt dann für Sie? Wollen Sie Ihr Leben wirklich so einrichten, daß es nur für den Fall klappt, daß Sie jung und dynamisch sind? Vielleicht ist es nicht unpraktisch, wenn die eigenen Kinder einen noch mögen?

Wenn jemand auf einem sehr starren Standpunkt verharrt, bitte ich ihn, es mir schriftlich zu geben mit seiner Unterschrift. Ich sage: Ich verlange von Ihnen nichts anderes, als daß Sie mir das aufschreiben und Ihren Namen darunter setzen. Man sollte es nicht glauben, aber das ist eine Riesenbarriere. Wenn Sie zögern, kann ich dann sagen: Wenn Sie sich nicht einmal schriftlich damit konfrontieren wollen, dann sind Sie wohl auch nicht so davon überzeugt.

In ganz schlimmen Fällen muß ich Frauen – manchmal auch Männern, aber das ist der seltene Fall – zur Auswanderung raten. Ich muß ihnen empfehlen, möglichst weit weg zu ziehen, zumindest vorübergehend. Dort können sie sich erholen, und die Dinge werden entspannter. Schon deshalb, weil die Väter eben doch sehr schnell auch das Interesse verlieren an ihren Kindern.

Dr. Manfred Lampelmayer, Rechtsanwalt:
In meinen Augen ist die Ehe ein Auslaufmodell.

Dr. Manfred Lampelmayer ist Vorstand einer angesehenen Anwaltskanzlei in Wien. Der Ehe gibt er keine großen Zukunftschancen. Daß – aufgrund seiner beruflichen Befassung mit Paarbeziehungen – seine mehr als bescheidenen Ansprüche an ein sinnvolles Hineingehen in die Ehe, nämlich offen über die Regeln und die Erwartungen sprechen und fair sein, von den Leuten einfach nicht erfüllt werden, versetzt ihn in eine sehr resignative Stimmung.

Früher saß in meinem Büro, typischerweise, die »verlassene Frau«. Heute gehen die Scheidungen typischerweise von den Frauen aus; ihre Männer sind darüber typischerweise höchst erstaunt.

In meinen Augen ist die Ehe ein Auslaufmodell. Die Demontage kann man ja regelrecht mitverfolgen.

Heute kommen die Leute zu mir und erklären mit tierischem Ernst, sie wollen glücklich sein. Wenn ich sie dann betrachte, mit dieser verbissenen Einstellung: die werden NIE glücklich sein. »Ich will glücklich werden.« – So geht das nicht. Das hat keinen Inhalt, dieses Glücksverständnis, das ist ein modischer Begriff, eine Illusion.

Die Leute trennen sich sehr leicht, in Wahrheit ist aber jede Ehe, wie gut sie auch anfangen mag, nach einiger Zeit ein praktizierter

Kompromiß. Die Ehe ist AUCH, nicht nur, eine Wirtschafts- und Erziehungsgemeinschaft, aber diese Einsicht geht heute verloren. Die meisten Ehen scheitern an Abnutzung und Disziplinlosigkeit. Ein rücksichtsvolles, respektvolles Umgehen miteinander wäre erforderlich, und dazu ein bißchen Distanz. Die Distanz scheitert oft an den Wohnverhältnissen. Wenn man in Zimmer-Küche aufeinanderklebt, ist es sicher schwerer, als wenn man sagen kann: Du, ich zieh mich kurz in mein Arbeitszimmer zurück.

Und der Respekt? Hören Sie zu, wie Ehepartner sich gegenseitig ansprechen: »Heast mi net, du Trampel!« Während der Scheidung müssen diese Personen dann noch weiter zusammenleben, wieder infolge der Wohnverhältnisse. Ein Alptraum. Da kommt echter Haß auf.

Männer sind noch immer in der Lage, die Ehe einerseits und ihr Vergnügen mit anderen Partnern andererseits auseinanderzuhalten. Frauen sind ehrlicher. Eine Frau, die ein Verhältnis hat, wird ihre Ehe beenden; oft mit großer Brutalität. Ein Mann wird versuchen, ein Doppelleben zu führen und beide zu behalten.

Die Ehe stammt aus einer ganz anderen Zeit. Vor 100 Jahren lebten die Frauen wie in einem Käfig. Es gab ein Familienoberhaupt, und das war wichtiger als der Bundeskanzler. Heute ist alles ganz anders. Eine Frau lebt heute nicht mehr im Einflußbereich ihres Mannes. Vor allem, wenn sie berufstätig ist, hat sie ihre eigene Welt.

Die banalsten Dinge werden von den Leuten mißachtet, und dann wundern sie sich, wenn es schiefgeht. Kinder zum Beispiel sollte es dann geben, wenn sie wirklich von beiden Partnern erwünscht sind. Wenn beide berufstätig sind und es Kinder gibt, müssen auch beide Eltern sich die Arbeit teilen, das ist wohl klar.

Ein neues Gleichgewicht zwischen Männern und Frauen wäre möglich, aber dazu wäre es nötig, daß die Leute von Anfang an offen miteinander reden und vernünftig sind.

Man liest heute öfter, daß Männer frustriert sind, und das stimmt wohl. Sie verkraften nicht, was mit ihrem Rollenbild passiert ist. »Der Mann ist das Oberhaupt der Familie«, das glauben auch junge Männer insgeheim heute immer noch, aber heute kann ein Mann sich das aufs Hirn picken.

Und seien wir ehrlich, worum kreisen die Gedanken des normalen Mannes? Auto, Fernsehen, Video, Hifi, Fressen und Urlaub. Wie soll in dieser Brühe eine besondere Philosophie gedeihen?

Wenn wir bei Diskussionsveranstaltungen über Perspektiven für Frauen sprechen, skizzieren die Frauen im Publikum für uns häufig eine düstere Vision. In den Firmen wolle man sie nicht wirklich, erklären sie uns, man habe einfach dezidiert nicht vor, sie aufsteigen und hochkommen zu lassen. Nein, sie bekämen keine Chancen. Statt dessen würden die Firmenleiter bestrebt sein, die Frauen am Rande des beruflichen Fortkommens zu halten, um frei über sie verfügen zu können – sie zu entlassen und wieder einzustellen, je nach den aktuellen Auftragslagen.

Wir haben auch schon gegenteilige Erfahrungen gemacht, die uns an diesem düsteren Bild zweifeln ließen. Dazu gehörten die Firmen, die uns einluden, für sie Seminare und Veranstaltungen abzuhalten mit dem ausdrücklichen Ziel, Frauen zu ermutigen, sie aufzubauen und ihnen dabei zu helfen, sich besser zu präsentieren und ihre Karriere besser in den Griff zu bekommen. Dazu gehörten manchmal auch die Abordnungen ortsansässiger Firmenleiter, die optisch höchst auffällig in Anzug und Krawatte an unseren Frauenveranstaltungen teilnahmen, um sich darüber zu informieren, »wie Frauen denken« und vielleicht Aufklärung darüber zu erhalten, wie qualifizierte Frauen als Mitarbeiterinnen besser zu motivieren und anzuwerben wären. Das alles ließ uns vermuten, daß nicht alles restlos trüb war. Aber uns werden Sie es nicht glauben, daher freuen wir uns, es Ihnen direkt aus dem Munde eines echt Zuständigen übermitteln zu können: Im letzten Statement erzählt Generaldirektor Randa von der Bank Austria über seine Pläne zur Förderung von Frauen in seiner Institution.

Bank Austria, Generaldirektor Dkfm. Gerhard Randa:
Die Frauen müssen mitspielen.

Ich möchte in meinem Unternehmen einen Frauenschwerpunkt setzen. Ich habe schon lange vor, in diesem Bereich etwas zu tun, und jetzt, als Generaldirektor, habe ich auch die Möglichkeit dazu.

Ich glaube nicht, daß es an irgendwelchen Eigenschaften der Frauen liegt, wenn sie nicht in größerer Zahl in Führungsrollen aufsteigen. Natürlich beobachte ich gewisse Unterschiede. In ihrer Einstellung zu Geld zum Beispiel mag es möglicherweise Differenzen geben. Kann sein, daß die Risikofreude und der Spieltrieb bei Frauen geringer sind – aber das ist nicht unbedingt ein Nachteil.

Ich beobachte ferner, daß Frauen oft zu bescheiden sind und nicht willens genug, zwecks Durchsetzung der eigenen Position mit der höchstpersönlichen Großartigkeit so marktschreierisch aufzutreten, wie es Männer vielfach tun. Womit ich wiederum nicht sagen will, daß die lautesten Männer immer die besten sind oder daß dieses Auftreten immer zum Erfolg führt.

Ich glaube aber nicht, daß Frauen kollektiv Fehler machen, das ist nicht meine Erfahrung. Vielmehr existieren bestimmte Strukturen, die einfach nicht sehr frauenfördernd sind, es ist also eine Systemfrage.

Auch das Dilemma, den Beruf und die Familie zu vereinbaren, ist natürlich eine systemimmanente Frage. Aber heute kann man Arbeitsabläufe sehr flexibel gestalten, man kann z. B. in vielen Bereichen on line arbeiten. Natürlich ist es mancherorts, etwa in kundenbezogenen Bereichen, schwerer. Aber wenn man sie will, ist Flexibilisierung möglich. Das ist für mich eine reine Frage des Wollens; wenn der Unternehmer es will, dann geht es.

Frauen zu marginalisieren, um sie gemäß der Wirtschaftslage jeweils mehr oder weniger als Arbeitskräfte heranziehen zu können, halte ich für ein kurzsichtiges Konzept. Längerfristig wird das nicht von wirtschaftlichem Erfolg begleitet sein. Es geht darum, höherwertige Leistungen zu erbringen, in unserer Sparte z. B. im Beratungsbereich. Da bewährt sich kein übertrieben tayloristisches

Prinzip, denn auf der Grundlage von austauschbaren low-level Personen kommen Sie nicht weiter. Eher brauchen wir noch viel besser ausgebildete Personen. Beim modernen Lohn-Kosten-Niveau kann die Lösung nur sein, immer höherwertigere Leistungen zu bieten, damit die Qualität den Preis rechtfertigt.

Gerade Etablissements wie Banken haben in ihrer Führungskonzeption den Bias »im Zweifel für den Mann«. Das kann man nur von oben her aufbrechen und genau das habe ich vor. Meine Motivation? Mehr Konkurrenz tut dem Gesamtunternehmen gut. In der längerfristigen Betrachtung ist es für die Unternehmenskultur unbedingt positiv, wenn eine größere Anzahl weiblicher Führungskräfte hineinkommt. In der Männerkultur ist viel von vordergründigen Motiven geprägt wie persönlichem Ehrgeiz, Glanz, Titel und Auftreten. Frauen sehen viele der Dinge, die Männern so wichtig sind, als Äußerlichkeiten an.

Bei der Umsetzung von Förderplänen für Frauen gibt es jede Menge Widerstände. Sofort kommen die ganzen Klischeevorstellungen wieder. Das Geld für ihre Ausbildung ist sowieso bald beim Teufel, sie kriegen Kinder, sie steigen dann aus ...

Diese Widerstände sind nicht überraschend. Natürlich werden sich die Männer gegen die Veränderung wehren, weil es schließlich bequem ist, so weiterzuleben und zusätzliche Konkurrenz zu vermeiden. Wenn Sie die Hälfte der Mitarbeiter schon systemimmanent ausschließen, ist das ein Vorsprung für die andere Hälfte.

Wenn das alles anders werden soll, ist es allerdings nötig, daß die Frauen auch mitspielen.

Kapitel 12

Wie es nicht geht – Und wie es weitergeht

»Es wäre sehr schwierig«, sagen Frauen ganz oft, wenn man sie auf eine Veränderung anspricht, die in ihrem Leben wichtig und notwendig wäre. Sehr schwierig, ihre Ausbildung abzuschließen. Sehr schwierig, einen Job zu finden. Sehr schwierig, sich vom Mann zu trennen. Es scheint leichter, so zu bleiben, wie man ist. Das mag auch stimmen. Bergab ist leichter als bergauf. Nur führt es leider in den Abgrund.

Der Cartoonist Jules Feiffer zeichnete einmal einen Comic, der ganz besonders auf Frauen gemünzt scheint.

Im Comic begegnet jemand – hier allerdings ein Mann – einem Guru. Er packt die Gelegenheit beim Schopf und fragt den Guru, wo der große Schatz zu finden ist. Der Guru deutet in eine bestimmte Richtung. Der Mann zieht enthusiastisch los, stößt aber gegen ein Hindernis und prallt zurück mit dem Comicsgeräusch *boingg*. Er wankt zurück zum Guru, in der Meinung, er habe ihn wohl falsch verstanden, und fragt ihn wieder. Der Guru deutet erneut in dieselbe Richtung, der Mann versucht es nochmals und prallt wieder ab, *boingg*! Erzürnt konfrontiert er den Guru: Wie konnte er ihn stets in die falsche Richtung schicken! Dort ist kein Schatz! Der Guru klärt ihn auf: Doch, genau dort ist der Schatz. Er liegt genau in der angedeuteten Richtung, unmittelbar hinter dem *Boingg*.

An diesen Comic müssen wir oft denken, wenn wir mit Frauen reden, die mit ihrem Leben unzufrieden sind. Sie schildern ausführlich und mit vielen Hintergrundinformationen ihr Leid. Wie es dazu kam. Wie schrecklich es ist. Wie hilflos, wertlos, frustriert sie sich dabei fühlen. Daß sie es einfach nicht mehr aushalten können, keinen Tag mehr! Wir denken über sie und ihre Situation nach, und erkennen relativ schnell Ansatzpunkte einer Verbesserung. Wir recherchieren vor, um sicherzugehen, daß unser Plan für sie auch realistisch ist. Wir präsentieren ihnen glücklich unsere Idee, und: sie wehren ab. Nicht bloß irgendwie ab, sie wehren vehement ab. Nein! Unmöglich! Das geht nicht! Nicht jetzt!

Caroline hat einen toten Punkt erreicht. Mit ihrer Ausbildung zur Kinderkrankenschwester hörte sie auf, als sie schwanger wurde und heiratete. Jetzt ist dieses Kind 8 Jahre alt und schon ziemlich selbstständig. Carolines Mann ist Verlagsvertreter und ständig unterwegs; Caroline vermutet, daß er eine Freundin hat. Caroline hat viel Grund zur Beschwerde; sie fühlt sich einsam, sozial isoliert, finanziell abhängig, und sie hat Angst vor der Zukunft. Carolines Kusine nimmt sich der Sache an. Sie findet heraus, wieviel von der abgebrochenen Ausbildung ihr angerechnet werden kann. Sie ermittelt die Nummer eines Pilotversuchs, der Betreuerinnen vermittelt an Familien, die ein krankes Kind und keinen Pflegeurlaub mehr haben. Caroline soll sich dort melden, vielleicht kann sie dort arbeiten. Sie soll sich bei Frau X melden, die bereit ist, anhand ihrer Unterlagen Möglichkeiten für einen Ausbildungsabschluß zu suchen. Caroline nimmt diese Informationen mit einem nichtssagenden *Hmmm!* entgegen. Zwei Wochen später erkundigt sich die Kusine nach dem Fortschritt. Caroline regt sich auf. Das geht doch jetzt alles nicht! Wie sich die Kusine das wohl vorstelle! So mirnichtsdirnichts, als Mutter eines Volksschulkindes, solle sie wieder in eine Ausbildung! Und der Pilotversuch, warum soll der sie nehmen! Und wie soll sie das schaffen! Selbst wenn sie dort halbtags arbeiten könnte, gesetzt den unwahrscheinlichen Fall, wie würde sich das alles zeitlich ausgehen! Nein! Unmöglich!

Sind das also nur Frauen, die sich gerne beschweren, die gerne jammern und klagen, in Wirklichkeit aber nichts ändern wollen? Wir glauben es nicht.

Es ist auch nicht Faulheit. Es ist nicht Bequemlichkeit, denn das Leben dieser Frauen ist oft höchst unbequem. Auch Begriffe wie Angst, Unsicherheit, fehlendes Selbstvertrauen beschreiben es nicht hinreichend. Diese Frauen werfen einen zögerlichen Blick in die angedeutete Richtung – und prallen sofort zurück. Sie sind wie gefangen im äußeren Feld eines Sogs; er zieht sie zwar nicht hinunter, aber er läßt sie auch nicht frei.

Oft bedarf es eines Auslösers, um den Bann zu brechen. Nicht selten besteht dieser Auslöser darin, daß der Mann – über den sie sich lange beschwerten, zu dem sie schon längst keine echte Zuneigung mehr verband, dessen Weggehen sie aber trotzdem wie ein Blitz aus heiterem Himmel trifft – sich verabschiedet. Ja, der Mann, den sie eigentlich vor 5 oder 10 Jahren schon hätten verlassen können, verläßt nun sie. Ein Schock, aber gleichzeitig eine Wende. Die Paralyse ist aufgehoben, die Wand, an der die Frau immer wieder abprallte, ist weg, der verhängnisvolle Punkt ist überwunden.

Wenn sie »müssen«, tun auch diese Frauen den Schritt in ein neues Leben. Sie nehmen endlich den Teilzeitjob an, zu dem Freundinnen ihnen schon seit Jahren rieten. Vielleicht ist er ein bißchen unter ihrem Niveau, aber er ist ein Ansatzpunkt.

Um das überstrapazierte Märchen noch einmal zu bemühen: Der Prinz weckt die verzauberte Königstochter nicht, indem er sie küßt, sondern indem er ihr einen Tritt verpaßt. Aufwachen und Zähne putzen! Guten Morgen! Ich gehe!

Laura Schlessinger, Psychotherapeutin und Betreuerin einer in Amerika unheimlich populären Radiosendung, ist trotz 20jähriger Berufserfahrung immer wieder fassungslos über die selbstdestruktiven Gedankengänge von Frauen. Sie zitiert Beispiele von Anruferinnen:

Denise: Ich bin 28 und habe seit 5 Jahren einen Freund. Seit 2 Monaten sind wir verlobt. Ich weiß nicht warum, aber irgendwie traue ich ihm nicht. Er geht mit Geld sehr verantwortungslos um und er hat mich auch schon mehrmals mit anderen Frauen betrogen. Aber er behauptet, daß er mich liebt. Soll ich ihm vertrauen?

Leonora: Ich habe in der Arbeit einen Mann kennengelernt und seit einem Monat gehe ich mit ihm aus. In dieser Zeit ist mir klar geworden, daß er sehr viel trinkt. Glauben Sie, daß er Potential hat?
(Antwort von Dr. Schlessinger: Potential wofür? Trunkenheit am Steuer?)

Debby: Vor drei Monaten habe ich einen Mann kennengelernt. Jetzt habe ich erfahren, daß er in eine Schießerei verwickelt war. Soll ich bei ihm bleiben?

Es ist tatsächlich atemberaubend, was Frauen sich unter den Auspizien der Liebeslegende bieten lassen, wie – anders läßt es sich fast gar nicht ausdrücken – dumm sie sein können.

Schlessingers Beispiele gipfeln im Anruf einer gewissen Christine. Christine beschwert sich bei Dr. Schlessinger über den Mann, mit dem sie am vorangegangenen Abend ausgegangen war. Sie hatte ihn auf einer Party kennengelernt und war mit ihm einen Kaffee trinken gegangen. Im Kaffeehaus hatte er sich eine Zigarette angezündet, ohne sie zu fragen, ob es sie stören würde. Sie bat ihn, nicht zu rauchen. Im darauffolgenden Gespräch wurde klar, daß die beiden überhaupt keine Gemeinsamkeiten hatten. Er redete überhaupt nur von sich selbst. Er hielt Christine einen langen und langweiligen Vortrag über sein Hobby, die Astrologie. Danach zog er eine Packung Karten heraus und bestand darauf, ihr eine Reihe von Kartentricks vorzuführen. Das alles beschrieb Christine in humorvoller, ironischer Weise. Dr. Schlessinger:

Ich dachte, daß sie mich mit ihrem Anruf lediglich erheitern wollte, oder daß sie mich vielleicht fragen wollte, wie man ein langweiliges Rendezvous früh abbrechen kann, ohne unhöflich zu sein. Doch ich irrte mich.

In Wirklichkeit hatte Christine angerufen, weil sie enttäuscht darüber war, daß er sich nicht wieder gemeldet hatte. Ein Mann, den sie nicht mochte, mit dem sie sich nicht vertragen hatte, dessen Unterhaltung sie langweilte und ihr – im Fall der Kartentricks – sogar peinlich war, den sie als unhöflich und an ihr nicht interessiert erlebte: und trotzdem sollte dieser Mann sie anrufen, um sich erneut mit ihr zu verabreden! Sie wollte von Dr. Schlessinger wissen, ob es falsch gewesen war, sich über sein Rauchen zu beschweren.

Einer anderen Beraterin, Irma Kurtz, schreibt eine Frau:

Letztes Wochenende waren mein Verlobter und ich zu einem großen Grillfest eingeladen. Ich sollte meinen Verlobten dort treffen. Aber ich arbeite als Krankenschwester Nachtschicht, und ich war sehr müde. Ich bin eingeschlafen. Als ich viel später nachkam, war die Party schon aus. Zu meinem Schock fand ich meinen Verlobten mit einer halbnackten Frau auf dem Teppich liegend, inmitten von leeren Bierflaschen und ausgedrückten Zigarettenstummeln. Als sie mich sahen, sprangen sie erschrocken auf. Mein Verlobter rannte mir nach und bat mich um Verzeihung. Ich glaube ihm, daß er mir vorher noch nie untreu war, und habe ihm verziehen. Aber ich fühle mich trotzdem schrecklich. Mein ganzes Selbstvertrauen ist weg. Ich bin keine Schönheit, aber bis jetzt war ich mit meinem Aussehen ganz zufrieden. Nun fühle ich mich häßlich und wertlos. Bitte sagen Sie mir, wie ich bis zur Hochzeit mein Selbstvertrauen wiedergewinnen kann. Der Termin ist in drei Monaten.

Dieser Brief gehört eindeutig in die Kategorie Irrsinn. Die Antwort der Ratkolumnistin ist treffend:

Ihr Verlobter hatte Sex mit einer Frau, die er gerade kennengelernt hatte, und fiel dann auf einem verdreckten Fußboden in einen betrunkenen Schlaf. Er ist eine Laus, ein Trunkenbold und untreu. Und SIE sagen, daß SIE Ihre Selbstachtung verloren haben? Sie sind dieselbe Person, die sie vor diesem Zwischenfall waren: eine Frau, die für den Mann, den sie heiraten will, viel zu gut ist.

Aber Kurtz und Schlessinger sind Ausnahmen; die meisten Ratgeberinnen der Frauen, ob kommerziell, professionell oder privat, sind nicht so ehrlich oder zumindest nicht so klarsichtig. Meist werden Frauen ermutigt zu endlos »kreativen« Versuchen, in ihrer Situation drinzubleiben und daran herumzuarbeiten.

Verzichten wir auf weitere, schier unglaubliche Beispiele und listen wir nochmals auf, wie es nicht geht.

– Einen Mann, der nicht will, in eine Zweierbeziehung hineinzumanövrieren. Der häufig anzutreffenden Bindungsunfähigkeit oder -unwilligkeit der Männer steht eine weibliche Bindungswilligkeit, um nicht manchmal zu sagen -wütigkeit, gegenüber, die bereit ist, einen gleichgültigen Partner mitzuschleifen, und die blind ist für die absehbare Katastrophe.

– Aus Berechnung zu heiraten, aus Unsicherheit oder aus der Befürchtung, nichts Besseres zu finden. Wir behaupten immer, in unserer Kultur würde es »Liebesehen« geben, während in anderen Kulturen die Familien die Ehen arrangieren, aber Liebe ist nicht immer, vielleicht nicht einmal mehrheitlich der Grund für unsere Eheschließungen. Häufig sind es Angst, Torschlußpanik, Bequemlichkeit und ein Sammelsurium teils irrwitziger Fantasien.

– Den eigenen Lebensplan dem eines Mannes unterzuordnen. Das machen Frauen ständig, in jeder Altersgruppe. Für Frauen sind Männer eine Art Umweltfaktor, der immer einkalkuliert werden muß; für Männer ist umgekehrt nichts dergleichen wahr. Wenn junge Frauen an ihr zukünftiges Leben denken, dann überlegen sie (hoffentlich!), welchen Job sie haben werden, wie sie wohnen werden, und wie ihr Partner sein wird. Sie gehen davon aus, daß ihr Lebensstandard und ihr Erleben von diesem Mann abhängen werden. Sein Beruf und sein Erfolg werden ihren Freundeskreis, ihren Lebensstandard maßgeblich mitbestimmen. Das ist teilweise wahr, und dennoch ist dieser Gedanke wie eine Katze, die sich in den Schwanz beißt. Die junge Frau plant ihr Leben so, daß es sich mit dem Leben des zukünftigen Partners abstimmen lassen wird, und sie geht davon aus, daß die nötigen Abstriche und Kompromisse für diese Abstimmung alle von ihr kommen werden. Natürlich bleibt der Mann unter diesen Voraussetzungen der sozial und ökonomisch dominante Partner, so daß es »objektiv« gerechtfertigt scheint, seinem Beruf und seiner Person den Vorzug zu geben. Und wenn die meisten Frauen so denken und handeln, dann bleiben Männer global die wirtschaftlich dominante Seite.

– Das ganze Leben in weiblichen Sondersituationen zu verbringen. Schwangerschaft und die Versorgung eines kleinen Kindes sind schöne und wichtige, aber befristete Elemente im weiblichen Leben. Wenn die Funktionen von Lebewesen aufgezählt werden, dann ist Reproduktion EINE dieser Funktionen, und nicht einmal die primäre. Manche Frauen walken diese Situation breit aus, um sie zeit- und lebensfüllend zu machen. Das ist unnatürlich, und entsprechend schlecht geht es meistens aus.

– Sich zu einer Fußnote in seinem Leben zu machen und dann zu meinen, sein Leben sei nun die gemeinsame Sache. Erinnern Sie sich zum Beispiel an Pia. Obwohl sie beruflich wertvolle Ressourcen mitbringt, läßt sie sich zur kostenlosen Privatassistentin ihres Mannes umdefinieren. Sie denkt, daß damit eine Verbindung geschaffen wird, aber das stimmt nicht. Sie wird lediglich ausgenützt.

– Sich an einen Mann zu klammern, der SIE gar nicht mehr haben will. Warum bleiben Frauen in trostlosen, zum Teil demütigenden Beziehungen? Warum spielen sie in oft absurdem

Ausmaß mit, um eine Beziehung zu retten? Warum visualisieren Frauen für den Trennungsfall den schlimmstmöglichen Ausgang: sie werden keine Arbeit finden, sie werden nie wieder einen Mann finden, die Kinder werden sich abwenden. Und warum findet selbst der mieseste Mann fast immer noch eine Partnerin, oft sogar eine junge, schöne? – Einzig und allein die Untugenden der Frauen selbst sind dafür verantwortlich, und diese Untugenden entstehen vorrangig auf dem Nährboden von Berechnung und einem schwachen Selbstwertgefühl. Der Mann ist infolge seiner finanziellen und sozialen Vorteile erwünscht.

Die Naturgeschichte der Frauen braucht ganz dringend ein paar revolutionäre Köpfe, die das Bild des Universums zurechtrücken. Galilei, Kopernikus, Newton, bitte kommen.

Die Erde ist nicht flach, sondern rund. Sie ist nicht von vier Wänden umgeben, an denen möglichst viele Einbauschränke stehen und farbkoordinierte Rüschenvorhänge hängen sollten, sondern sie ist offen und weit. Die Sonne dreht sich nicht um die Erde und die Erde dreht sich nicht um den Mann.

Was immer wir auch heranziehen, unsere Interviews, die Anruferinnen Frau Schlessingers, die Frauenzeitschriften – aus allem ist ersichtlich, daß die Wertigkeit der Ehe im Lebenskonzept junger Frauen und Mädchen dringend einer Relativierung bedarf. Die ausschließliche Orientierung auf die Ehe als Quelle von Glück und Lebenserfolg ist nicht nur faktisch zu riskant, sondern trägt ironischerweise vor allem auch zum Scheitern präzise dieses Lebensbereichs bei. Folgende Gründe sind dafür zu nennen:

– Die unverhältnismäßig große Orientierung von Mädchen und Frauen auf diesen Lebensbereich trägt zur Unvereinbarkeit der Vorstellungen von Frauen und Männern bei und sät damit schon den Beginn späterer Konflikte.

– Die übermäßige Bereitschaft von Frauen, Ehe und Familie als ihren ureigensten Erfüllungsbereich zu sehen, führt zu Fehlentscheidungen in anderen Bereichen, z. B. bei der Ausbildung, der Berufswahl, der Berufsausübung.

– Diese Fehler wiederum verursachen eine immer größer werdende Ungleichheit zwischen den Ehepartnern, die in einer zunehmenden Abhängigkeit der Frauen mündet und eine wachsende Distanz im Lebenszusammenhang der Ehepartner schafft.

Dieser Tatbestand implantiert einen grundsätzlichen Widerspruch im ehelichen Zusammenleben, der von den einzelnen Beteiligten im Alleingang gar nicht aufgelöst werden kann, egal, wie gut ihre Beziehung eigentlich wäre. Der Grundsatz der Partnerschaftlichkeit kann nicht praktiziert werden, wenn die Fakten vom Gegenteil geprägt sind: wenn der Mann mehr verdient und im Vergleich zur Frau zunehmend mehr, da ihre Berufstätigkeit einseitig von Erziehungsaufgaben unterbrochen wird; wenn seine Arbeit höher bewertet wird; wenn seine Nicht-Mitwirkung in der Familie weitgehend noch von der Umwelt gebilligt wird, während seiner Beteiligung viele Hürden in den Weg gelegt werden.

Das alles war früher vielleicht zeitgemäß, als die Ehe als Versorgungseinrichtung gesehen wurde, deren Haltbarkeit durch ein Gefüge von sozialer Kontrolle (Scheidung war extrem sanktioniert), Abhängigkeit (Frauen konnten sich, auch wenn sie das wollten, schwer aus der Ehe lösen) und Distanz (es galt als normal, daß der Vater eine bloß marginale Figur im Alltagsleben seiner Familie war) gewährleistet wurde. Dieses Rezept funktioniert heute nicht mehr.

Wenn die Ehe wieder funktionieren und die hohen Scheidungszahlen sinken sollen, wenn es bergauf gehen soll, gilt es, Maßnahmen zu setzen, die die Lebensplanung der Frauen versachlichen und die Familienfähigkeit der Männer begünstigen. Solche Maßnahmen seien im folgenden kurz skizziert.

Partnerschaftlichkeit in Erziehung und Schule fördern. Die Erziehung von Jungen und Mädchen verläuft sehr dezidiert in getrennten Bahnen, es wird ihnen auch im Jahr 1995 noch unmißverständlich zu verstehen gegeben, daß Familiäres, Kinder, Haushalt, Gefühlsbetontes usw. der Bereich der Mädchen und Frauen ist, in dem Buben und Männer eigentlich nichts verloren haben.[9]

Diesen nachwirkend, traditionellen Automatismen muß entgegengearbeitet werden. Hierfür sind in anderen Ländern Maßnahmen entwickelt worden. Zum Beispiel hat es sich in einigen amerikanischen Kindergärten als sehr zielführend erwiesen, strukturierte, familienorientierte Spielvorgaben zu machen, die das stereotype und geschlechtsgetrennte Spielverhalten von Jungen und Mädchen durchbrechen. In Schulen fanden Modellprogramme großen Anklang, die ältere Kinder mit Kindergartenkindern zusammenführten. Die älteren Kinder waren im Rahmen einer Unterrichtseinheit dafür verantwortlich, ein bestimmtes, ihnen zugeteiltes Kindergartenkind zu beobachten und sich mit ihm zu befassen. Anschließend mußten sie schriftlich dessen Verhalten, dessen Befindlichkeit, dessen Probleme an jenem Tag protokollieren. Dadurch ergab sich vor allem bei männlichen Kindern ein verstärktes Interesse an kleinkindlichen Gemütslagen; sie waren stolz darauf, »ihr« Kind getröstet zu haben oder ihm geholfen zu haben. Diese Unterrichtseinheit war überaus beliebt.

---

[9] Siehe auch die Studie von Paul Zulehner und Andrea Slama, Österreichs Männer unterwegs zum neuen Mann? BM für Umwelt, Jugend und Familie, Wien 1994.

Auch das frauenspezifische Problem der überproportionalen Fixierung auf Beziehung und Familie sollte auf dem Bildungsweg aufgegriffen werden, indem Mädchen und jungen Frauen eine realistische Lebens- und Berufsplanung nahegelegt wird. Dadurch würden sich auch die Partnerwahl und das Zusammenleben mit diesem Partner besser entwickeln.

Es liegt ein äußerst breites Wissen vor über Sozialisation, das sich umsetzen ließe in eine gezielte Vermittlung sozialer Fertigkeiten, das Zusammenleben allgemein und das Zusammenleben in Ehe und Familie im besonderen betreffend. Kooperation, Konfliktlösung, Umgang mit Affekten, gegenseitige Hilfe und Versorgung sind soziale Fertigkeiten, die gelernt werden können und auch müssen, wenn die Qualität des Zusammenlebens verbessert werden soll. Empfehlenswert wäre ein Unterrichtsfach *Zusammenleben lernen*, das altersadäquat und in enger Anlehnung an schulinterne Konfliktmomente diese Fertigkeiten lehrt.

Gesellschaftliche Botschaften vereinheitlichen. Es erscheint uns in diesem Zusammenhang auch wesentlich, daß die offiziellen gesellschaftlichen Botschaften vereinheitlicht werden. Statt dessen werden zwar neue, partnerschaftliche Wertvorstellungen gepredigt, es wird aber nach den alten, patriarchalischen Wertvorstellungen gehandelt. Das beginnt schon mit der Tatsache, daß der österreichische Mikrozensus noch im Jahre 1993 (!) nach wie vor und unbeirrbar mit dem Begriff des Haushaltsvorstandes und des Familienvorstandes operiert; zum Terminus »Familienvorstand« erläutert der Bericht lapidar nur, dies sei »bei Ehepaaren der Mann«. Es versteht sich von selbst, daß der Begriff eines »Familienvorstands« die Vorstellung von Partnerschaft direkt negiert; in vielen Ehen läßt sich die Trennung genau darauf zurückführen, daß der Mann sich wie ein »Vorstand« gebärdete, während die Frau sich einen Partner erwartet hatte. Gesetzlich wurde der Begriff des Familienoberhaupts 1978 mit der Familienrechtsreform in Österreich eliminiert – und dennoch besteht er amtlich weiter.

Ehevorbereitung. Wie wir sehen konnten, sind die Erwartungshaltungen zum Zeitpunkt der Eheschließung oft sehr diffus und widersprüchlich. Eine Klärung der eigenen Erwartungen und der des Partners, strukturiert durch geschulte Experten, wäre äußerst sinnvoll. In den Interviews zeigt sich, daß die später auftretenden Probleme sich meist schon vor der Eheschließung abzeichnen. Hier wäre auch der geeignete Zeitpunkt, um diese Probleme aufzugreifen, entweder um diese spezielle Ehe noch einmal zu überdenken oder um gleich zu Beginn Lösungs- und Kompromißwege zu finden.

Akzeptanz der mangelnden Familienfähigkeit von Männern am Arbeitsplatz und in der Gesellschaft abbauen. Familienbezogene Bedürfnisse männlicher Mitarbeiter wecken subjektiv begründete Widerstände. Ein Vorgesetzter, der zu Hause entweder durch sorgfältige Partnerwahl oder nach zähen Konflikten eine traditionelle Arbeitsteilung durchgesetzt hat, will nicht am Arbeitsplatz mit Mitarbeitern konfrontiert sein, die es zu Hause anders machen oder machen wollen. Ein Mann, der mit seiner Familie bezüglich seiner Nicht-Partnerschaftlichkeit und seiner zu geringen Verfügbarkeit Konflikte hat, wird durch diesbezügliche Wünsche und Probleme seiner Mitarbeiter/innen an diese unbequeme Thematik erinnert und blockt ab.

Für Frauen bedeutet diese Situation selbstredend eine enorme berufliche Benachteiligung, die schon bei der Einstellung beginnt.

Aber auch viele Männer geraten durch die familienfeindliche Atmosphäre in eine Zwickmühle. Die Forderungen der Partnerin und der Familie stehen mit den Erwartungen der Kollegen und Vorgesetzten in offenem Konflikt. Es ist unmittelbar und kurzfristig leichter, diesen Konflikt mit der Frau auszutragen als mit dem Vorgesetzten.

Vaterschaft begünstigen. Als die wichtigste Präventivmaßnahme gegen Familienauflösungen und gleichzeitig als eine der wesentlichsten stützenden Maßnahmen für eine besser funktionierende gemeinsame Elternschaft in Fällen, wo es doch zur Scheidung kommt, sehen wir die *Forcierung der Inanspruchnahme des Erziehungsurlaubes für Väter* an. Eine verstärkte Inanspruchnahme dieser Chance würde gleich mehrere wichtige Dinge bewirken:

– Der Vater wird stärker in die neu gegründete Familie integriert, die für Trennungen so häufig ursächlich mitverantwortliche Marginalisierung des Vaters wird verhindert.

– Der Mann entwickelt ein Naheverhältnis zum Kind und eignet sich in der Versorgungspraxis echte Fertigkeiten an, die ihn zu einem vollwertigen und kompetenten Elternteil machen.

– Gesamtgesellschaftlich stellt sich bei Männern ein verschärftes Bewußtsein über die Bedürfnisse von Familien und Kindern ein.

– Die verbesserte Anpassung von Arbeitsstrukturen an die Bedürfnisse von Eltern wirkt ebenfalls familienstabilisierend und fördert die Chancengleichheit. Der Arbeitgeber kann nun nicht mehr davon ausgehen, daß speziell die Frauen »sowieso Kinder kriegen und ausfallen«. Wenn die männliche Inanspruchnahme des Erziehungsurlaubes zum Normalfall wird, können Männer, die ihn antreten, am Arbeitsplatz nicht mehr diskriminiert und abgewertet werden.

– Eine Teilung der Berufsunterbrechung zwischen den Ehepartnern bewirkt einen verbesserten Berufsverlauf der Frauen und verhindert die Entstehung eines stetig wachsenden beruflichen Abstandes zwischen dem Mann und der Frau.

– Im Fall einer Familienauflösung ist der Mann eher fähig, seine Beziehung zu den Kindern nach der Scheidung gut fortzusetzen – er kann sie versorgen, kennt sie gut, kann die gemeinsame Zeit realistisch gestalten und ist bereits in Erziehungsfragen eingebunden.

Bessere »Institutionalisierung« der Scheidung. Da Scheidung derzeit kein »Sonderfall« ist und auch in näherer Zukunft zur sozialen Normalität zählen wird, sollte dieses Ereignis auch eine bessere Aufarbeitung erfahren. Alle regelmäßig stattfindenden Lebensereignisse haben eine Institutionalisierung, die von Regeln, stützenden Maßnahmen, gedanklicher und faktischer Vorbereitung, von Ritualen, Zeremonien usw. begleitet ist. Bei der Scheidung merkt man deutlich das Fehlen solcher flankierender Maßnahmen. Die Betroffenen werden ohne genügende Handlungsanweisung mit einer äußerst aufwühlenden, in jeder Hinsicht sozial schwierigen Situation alleingelassen, für die es nicht einmal so etwas wie »Benimm«-Regeln gibt.

...

Doch alle Maßnahmen, und würden sie auch augenblicklich in die Tat umgesetzt, führten nicht zum Ziel, würden die Frauen nicht akzeptieren und realisieren, daß sie für sich selbst verantwortlich sind.

Frauen müssen sich von Anfang an, schon in der Jugend, als selbständige Personen betrachten, die ihr Leben selbst gestalten. Auf diese Betrachtungsweise muß auch ein konkreter Plan folgen, zu dem unter anderem eine gute Berufsausbildung gehört. Vorschläge ihrer Umwelt, ihre Unabhängigkeit aufzugeben und ihr Schicksal einem Mann in die Hände zu legen, müssen sie abwehren.

Wenn wir darüber nachdenken, welches endgültige, bewegende Resümee wir Ihnen aus dieser Studie nahelegen wollen, bleiben unsere Gedanken immer wieder an einem Wort hängen, das so viele Frauengespräche durchzieht: das Wörtchen »schwierig«. Unsere Aufmerksamkeit verhakte sich wohl deshalb in diesem Wort, weil es dissonant war. Es paßte nicht zu den Frauen, die es benützten. Das waren keine Frauen, die Schwierigkeiten scheuten. Es waren keine Frauen, die ein »leichtes« Leben führten und es durch keine »schwierigen« Handlungen erschweren wollten. Das Leben dieser Frauen war bereits schwierig, sehr schwierig. Sie waren unglücklich, unsicher, unzufrieden, fühlten sich an einem toten Punkt. Doch wenn man ihnen einen Ausweg wies, fanden sie ihn »zu schwierig«.

Über diesen Widerspruch dachten wir lange nach, und dabei erkannten wir etwas: daß das Wort »schwierig« mindestens zwei Kategorien von Mühsal beschreibt. Und daß das Wort schwierig auch eine geschlechtsspezifische Tönung hat.

Das schwierige Leben, das diese Frauen zwar unglücklich machte, das sie aber in Kauf zu nehmen bereit schienen, beinhaltete eine typisch weibliche Kategorie von Schwierigkeit. Es ging dabei darum, etwas zu erhalten, zu stabilisieren – eine Beziehung, eine Familie, einen Zustand. Die Mühen drehten sich um das klassische Frauenziel: ein Nest einzurichten und zu verteidigen. Frauen gingen teilweise sehr aktiv und kreativ mit der Herausforderung um, ihrer hoffnungslosen Situation doch noch etwas abzugewinnen – sie suchten Beratungsstellen auf, lasen Bücher, probierten Übungen und Kommunikationsspiele, umgarnten den Partner mit häuslichen Aufmerksamkeit, zogen alle Register. Die vielen Niederlagen, die sie dabei erlebten, waren ebenfalls sehr »schwierig« und es war »schwierig«, eine unbefriedigende Situation zu ertragen. Doch das war offensichtlich eine andere Art von schwierig als die, die sie abwehrend anführten, wenn es um den echten Ausweg ging.

Die Tätigkeiten, die sie zurückwiesen, hatten ebenfalls eine gemeinsame Eigenschaft: sie waren nicht erhaltend, repetitiv, konservierend, sondern sie waren verändernd, zielgerichtet. Die ersten drehten sich im Kreis, die zweiten bewegten sich in eine neue Richtung. Der neue Weg war, insofern man so etwas quantitativ ausdrücken kann, nicht »schwieriger« als der alte. Ist es schwieriger, einen mißmutigen Partner um mehr Haushaltsgeld anzubetteln, oder ist es schwieriger, sich durch einen Job wirtschaftlich von ihm unabhängig zu machen? Die meisten Alternativen waren nicht direkt vergleichbar. Und dennoch schien die eine Art von Mühsal den Frauen oft so viel schwieriger als die andere.

Wenn wir Ihnen einen abschließenden Gedanken mitgeben dürfen, dann vielleicht diesen: Denken Sie nach über den Begriff der Schwierigkeit. Ist es schwieriger, den Führerschein zu machen, oder ist es schwieriger, immer nur am Beifahrersitz zu hocken und dorthin zu fahren, wohin die anderen wollen? Selbstverantwortung ist schwierig, aber Abhängigkeit auch. Ist es nicht Zeit, daß wir Frauen die Schwierigkeiten der letzten Jahrhunderte, so vertraut und heimisch sie mittlerweile auf uns wirken mögen, hinter uns lassen? Das traute Heim existiert nicht mehr, und eine schwierige, spannende Welt wartet.